走出学习的困境

编著 / 知心姐姐
绘 / 稻荷前

中国少年儿童新闻出版总社
中国少年儿童出版社
北 京

目 录

51 问：座右铭贴满墙，我却做不到，怎么办？

答：你的思想和行动比任何外来的助力都能够帮助你。

第二辑

57 问：我好像得了“厌学综合征”，怎么办？

答：咬紧牙关继续前行才有希望。

61 问：我想念职业学校，妈妈却想让我念讨厌的高中，怎么办？

答：人生就像登山，你不断向上攀登，视野就会越来越宽阔。

65 问：我快要成为“学习机器”了，怎么办？

答：解决了学习态度和学习效率问题，你就有了“谈判”的资本。

69 问：我成绩好，但是骄傲自满，怎么办？

答：短暂的放松是需要的，何况你还能自我反省。

71 问：大家都努力时，我却找不到学习状态，怎么办？

答：把注意力放在学习本身，你的成绩和他人无关。

75 问：我讨厌数学，怎么办？

答：恐惧少一些，思维就会灵敏些。

79 问：成绩不好，我不想考高中了，怎么办？

答：在选择之前想清楚，你的选择才会更靠谱。

83 问：我想用好成绩安慰妈妈，可成绩却不进反退，怎么办？

答：让自己做个轻松的小孩，努力才更容易开出花朵。

87 问：钢琴考级三次没过，老妈说再不过就不让学了，怎么办？

答：谁都无法预知结局，但只有努力才有可能成功。

第三辑

序 言

有烦恼不怕，总会有办法

有一天，我收到了一封孩子的来信。信上密密麻麻写满了字，有些字被水渍染花了，看不太清楚。信的结尾，孩子这样写道：知心姐姐，你知道我有多难过吗？我现在是一边哭，一边给你写信。这封就要滴满泪水的信，是我流泪的心……

知心姐姐的最高纪录，是每天都能收到几十封信，接到几十个电话。孩子们的烦恼每天像雪片一样飞到知心姐姐身边。我想，知心姐姐也许是这个世界上倾听孩子烦恼最多、知晓孩子秘密最多的一位大朋友吧。

"知心姐姐，我有点胖，同学们都叫我充气大轮胎，怎么才能阻止他们这样叫我？"

"知心姐姐，爸爸妈妈下周就要离婚了，他们都争着要我。我只想一家三口永远在一起……"

"知心姐姐，为什么我对同学们那么好，却换不来他们的真心？我还能找到真正的朋友吗？"

"知心姐姐，为什么爸爸妈妈总控制不住自己的情绪，遇到烦心事就拿我当出气筒？"

……

这些心灵世界的小小忧伤，总能在不经意间打动知心姐姐的心。知心姐姐仿佛能够看到孩子们焦急等待的面孔——等待有人倾听，等待有人伸出援助之手。知心姐姐一刻也不敢怠慢，认真地回复着孩子们的信……可是速度太慢，能帮助的孩子太少。知心姐姐太着急了，于是，就有了放在大伙儿面前的这本书。

回的信多了，知心姐姐发现了一个秘密：从 1960 年知心姐姐出现在《中国少年报》上开始，到现在有了《知心姐姐》杂志，几十年过去，孩子们的烦恼大多聚焦在这样一些话题上，比如：对于自己的外貌或能力比较自卑，对于交友产生的困惑，对于学习要面临的竞争与压力无法调节，对于未来充满了迷茫，不懂得控制自己的情绪，爸爸妈妈对自己不理解……

为什么世界发生了巨变，而孩子们的烦恼却变化不大呢？

这是因为每个人的成长都有规律，都必将经历认识自我、认识世界的过程。这条路是必经之路，谁也无法绕开；这条路也不会一帆风顺，必将经历波折。既然成长总有规律，那么面对烦恼，也总会有办法。在这本书中，知心姐姐挑选了每个人成长中都会面临的问题，用孩子来信和知心姐姐回信的方式，帮助孩子去应对人生中的一个个难题。

很多时候，孩子就如同站在大雾迷茫的十字路口，看不清方向。这样的时候，需要有人告诉孩子，耐心等待、细心观察，等大雾散去，就会发现一条新路；这样的时候，需要有人听孩子倾诉，让他们打开心扉，发现自己其实比想象中坚强。知心姐姐不擅长讲大道理，她最擅长的是用亲和的话语和动人的故事，帮助孩子们拨开眼前的迷雾，有勇气面对困境，找到解决问题的办法。

你可以把这本书放在身边，在你孤独无助的时候，给你支持与能量；帮助你换一个角度去思考问题，鼓起勇气，重新出发。

请记住一句话：有烦恼不怕，总会有办法。成长路上，知心姐姐会一直陪伴着你。

《知心姐姐》杂志主编 祝薇

第一辑

在学习的道路上，坚持还是放弃，是我们经常面对的选择题。特别是在成绩变差、努力无果之后，这一对矛盾的念头，更使我们烦恼不堪。

也许你也和很多人一样，为放弃的念头寻找借口，比如，读书根本没有用！比如，“我”已经尽力了，很累很累……

也许，你也和很多人一样，为坚持的念头而寻找激励，比如，寻找榜样，向优秀的人学习。但有时候，你也会因为过度地比较，而陷入攀比的泥淖。

坚持还是放弃，不只是学习上的选择，也是人生的命题。什么时候坚持，什么时候放弃？让我们一起来面对，一起来思考。

问 我一学习就有奇怪的声音干扰我，怎么办？

答 是时候启动你的“穿越模式”了！

知心姐姐：

我很想读书，但我耳边总是出现两个声音。一个声音说，从今天起你一定要好好读书。另一个声音则说，哎呀算了吧，读书有什么用呢？不努力照样活。这导致我很痛苦。怎么办呢？我很笨，不管我怎样想读，就是读不进去，说了明天要努力学习，可是做不到。

Luorong

Luorong:

读书肯定有用，我帮你确定。那个说“读书没用”的声音是假象，是我们给自己的惰性找出来的理由。

人的心智模式有很多种，“等死模式”是在大多数人身上都发生过的一种。它的解释是：总是不断地给自己找理由，把该做的事情拖延到最后一刻。直到逼上梁山，他才很不情愿地有所行动。拖延中，他会焦躁不安，时间流逝，连信心也渐渐失去。结果，越等越没有行动能力，导致恶性循环，最后把自己逼到了死胡同。

那么，掉入“等死模式”的人，还有救吗？有，尽快启动自己的“穿越模式”。进入“穿越模式”的人，虽然知道事情比较麻烦，但他会行动起来，鼓足勇气、集中精力去做积极的尝试，这样至少还有成功的可能。不找任何理由，严格按照计划执行，是进入“穿越”状态的第一步。你准备好了吗？

知心姐姐

问 面对坏成绩我是乐天派，爸妈却很悲观，怎么办？

答 乐观的人总会比悲观的人多收获一样东西，那就是快乐。

知心姐姐：

我是一个五年级的小学生。也许你会觉得，一个小学生会有什么烦恼呢？其实，我本人是个很容易知足的小女生，只是我和爸妈的看法时常不一样。

比如，上学期期末考试，我数学考了81分，语文95.5分，英语84分。我自己感觉还不错。可当他们知道我的分数后，妈妈在电话那边唉声叹气：“看看你，数学考那么低，只差两分就跌到70多分啦！”我听了之后很失望，本来自己感觉还不错，可爸妈却泼了盆冷水。

为什么爸妈不能往上看，非要往下看呢？他们怎么不想我多考几分就上 90 分了呢？唉，我该怎么才能改变他们的看法呢？

梅子

梅子：

当你觉得爸妈的看法有点悲观的时候，恐怕他们也在纳闷：这丫头，才考了 81 分，怎么一点危机感也没有呢？

这也难怪，如果用数学方法简单计算一下，81 分的确离 70 多分更近一些。可是，一个人的努力当然不能用这么简单的方法来计算。假如你努力一点，再努力一点，谁能保证下次考试成绩不会离 90 分更近一些呢？

在生活中，总会有人悲观一点，他们觉得危机感和紧迫感才是进步的动力。而另一些乐观的人则相信，凡事都该怀有美好的期待，这样才能向着更好的方向发展。哪种想法更好一点呢？假如这两种想法都能成为积极进步的动力，都能转化为生活的正能量，我觉得还是第二种更好一点。因为，乐观的人总会比悲观的人多收获一样东西，那就是快乐。

不过，身边有几个悲观的人也不见得是坏事。因为，乐观的人有时难免因为乐观过头而放松警惕。这时候，悲观一点的人就成了我们的“警报器”。他们悲观的论调提醒着我们，事情并非都会向好的方向发展，如果我们安于现状、不思进取，很有可能就让他们的担心成为现实了。

梅子，你不会希望发生这样的事情吧？到时候，你的爸妈很有可能更加坚信自己的判断：瞧，一点也不知道着急，现在惨了吧？

想让他们认可你的想法，那就用行动证明自己是对的吧。事实摆在眼前，他们就不得不承认：乐观一点也没什么不好。

知心姐姐

问

体校生活好累啊，我想放弃跑步，怎么办？

答

除了品尝跑步的苦，试着寻找跑步的甜。

知心姐姐：

我已经六年级了，可是我却不能一心一意地学习，您知道为什么吗？

由于跑步很快，我在五年级时被体校老师选走了，天天放学就去训练，每晚都到七点才回来，我很累。有时候我真想放弃跑步算了，可妈妈又说，老师马上就要带你去省里比赛了，拿到名次的话，考初中就能加30分，所以妈妈就天天逼我去跑步，我也只好听妈妈的话。知心姐姐，我好累啊。

简小白

小白：

看完你的信我在想，你得跑得多快才能被体校老师选走啊？真羡慕你，小时候我跑全班第三就已经得意得不得了啦。你可真厉害！

就像你说的，一个人的精力是有限的，除了上课、吃饭、睡觉，每天的时间真的没有多少了。又要跑步又要写作业复习功课，的确让人崩溃。

但是，我还是希望你不要放弃跑步。

先给你推荐一本曾经在美国图书馆失窃率最高的小说吧，叫作《雨中的 3 分 58 秒》。这是一部关于跑步的最动人的小说。

卡西迪是一名即将毕业的大学生，他热爱跑步，一直在挑战 1600 米的“4 分钟障碍”[1945 年，英国一名运动员冈德哈格创造了 4 分零 1 秒 4 跑完 1 英里（相当于 1609.344 米）的成绩，但多数人认为，这超出了人的生理极限。连当时很多著名的生物学家也纷纷说这的确是人类身体和心理的极限。渐渐地，4 分钟 1 英里演变成了体育界著名的“4 分钟障碍”理论]，毕业前那年春天的比赛是他最后的机会。为此，他每天都过着苦行僧般的训练生活，锻炼自己的耐力、意志力和技巧。书里有许多话都是值得分享的跑步心得，比如这句：“关键不在于开始时能跑多快，而在于疲倦时能跑多快。”看完这本书，你除了会被主人公感动，说不定还能学到不少跑步的妙招。

除了推荐书，我还想让你认识一个叫村上春树的日本人。他写小说很有名，世界各地都有他的铁杆粉丝。但我想说的不是这个。他 33 岁开始练跑步，一跑就是 29 年，每天基本都要跑上 10 公里。今年，他已经 62 岁了，但还在跑，有时还参加马拉松比赛。有人问他：“跑步教会您什么了？”他说：“它告诉我：你一定会跑到终点。跑步让我对自己的写作能力保持信心。通过跑步，我知道了什么时候需要休息，什么时候休息过了头。我知道自己努力的极限在哪里。只要还走得动，我就会一直跑下去。我打算在自己的墓碑上写上——‘至少他是跑完而不是走完的。’”怎么样，这位活到老跑到老的先生是不是很酷呢？

小白，多了解一些这样有趣的人和事，你也许就会觉得自己并不孤单了吧。

除了品尝跑步的苦，为什么不试着寻找一些跑步的甜呢？在雨中奔跑，在绿地上奔跑，在夜晚的街道上奔跑……这都是美妙的体验。跑步的时候，你还能体会到很多东西。比如擦过耳边的风声，健步如飞的自由感，超越同伴的快感，即将到达终点的成就感和自豪感……在跑步的时候，你不需要和任何人交谈，你不必听任何人说话，你只需看周围呼啸而过的风景，感受自己的呼吸，倾听自己的心跳，关注自己的思想，所以很多人珍惜这短暂的只属于自己的时光。

小白，加油吧，跑下去！知心姐姐永远支持你！

知心姐姐

问

我成绩很好，却拿不到“三好学生”的奖状，怎么办？

答

奖状不是万能的。

知心姐姐：

我今年上五年级了，这五年来我获得了许多与学习有关的奖状和证书，为学校赢得了很多荣誉。

我体育方面成绩也很好，前不久的运动会上还在好几个项目上拿了名次。我也很有爱心，每次捐款捐物总要比别人捐得多。

老师们都说我是好孩子，说我很优秀，但像“三好学生”“五好少年”这些荣誉却总是属于别人的，即使班上一大半的同学都从老师那里得到过类似的荣誉。

我很困惑，想不通，我到底是该继续努力，还是把这些看成可有可无的事？

yff

yff:

你学习很棒，体育也不错，不知道有多少小孩看完这封来信会羡慕你呢。渴望荣誉是人积极上进的表现，所以，我忍不住要说出和老师一样的话：真是个好孩子，你真的很优秀。

不过，我对奖状和证书有与你不同的看法。这些荣誉记载了你曾经的付出以及现在的实力，但它不是我们立足于生活和社会的头号武器，它不是万能的。如果想让周围的人对你有成绩上的羡慕，同时还有人格上的钦佩，有一点可得注意——别动不动说自己有很多证书，尤其在那些证书没你多的人面前。

如果你真想得到“三好学生”之类的称号，建议你换个思路想想：除了学习、体育上的强项，自己身上还有什么值得骄傲的地方，人缘怎么样。继续努力，你会得到新荣誉的。或者，把荣誉看淡，做你喜欢做的事，你会过得更轻松自在一些。

知心姐姐

问 每天都在学习，我感觉好累，怎么办？

答 学会休息，抽空玩乐。

知心姐姐：

你小时候的生活也是我们现在这样吗？从周一到周五天天跑学校，好不容易盼到周末，还要去校外补习班。这样的生活一点意思也没有，我感到好累。电视新闻里讲，我们这代人的生活是如何多姿多彩，我怎么没感觉到呢？有时想偷偷懒，睡会儿懒觉，看会儿电视，但都没时间，总是匆匆忙忙的。再说，爸妈也不允许，他们告诉我，人只有忙起来，才会充实。

小冰

小冰：

和你一样，每个小孩从周一到周五都是要上学的，我小时候也不例外。我那时常常盼望放假：放假多好啊，可以天天看电视，睡大觉，跟小伙伴们玩。可是，往往假期才过了几天，就腻歪了。于是，假期还没过半，就开始盼着开学。

有时候，拥有的自由太多了，反而会不知所措。这让我想起拉丁美洲那个叫加西亚·马尔克斯的作家，他写过一本非常好看的小说《百年孤独》，书中提到，生活在马贡多村子的人得了一种失眠症，人们整天睡不着觉，而且还不困。以前人们有许多活要干，时间不够用。可是现在，活很快就干完了，于是大家便聚集在一起无休止地闲聊，有时一连几个小时都在重复同一个笑话。最后人们对这种生活无法忍受，宁愿回到以前那种该睡觉就睡觉，该工作就工作的状态中。

这也是为什么爸妈会说，人只有忙起来，才会充实。因为忙起来，就可以专注于你做的事情，一旦忙完，看着自己的劳动成果，会有成就感。当然，再忙再充实的人也需要休息，人是会累的。正所谓不会休息的人就不会工作，作为学生的你，也是这样的。

爸妈之所以要管束你，是因为你年龄还小，自制力还弱一些。累的时候，不妨告诉爸爸妈妈，我累了，想休息休息。在周末，向爸妈申请睡一个小时的懒觉，或者批准你看一个小时的电视，或者下午跟同学出去玩上两三个小时，我想这些都是可以争取他们理解和支持的。你是爸妈的孩子，他们会心疼你。

要想生活有趣，最重要的是，得有自己的兴趣，完全放松且乐在其中的那种，比如弹吉他、打球、做手工都可以，这样既能解除学习疲劳，又能活跃心情，生活自然会变得有趣。

知心姐姐

问　我一回答问题就结巴、手抖，怎么办？

答　大胆说，无所“畏”！

知心姐姐：

我是一个特别害羞的女生，上课不敢举手回答问题，因为我说话有一点结巴（在平常生活中我不是这样的），只要上课回答问题就很害怕，心跳得特别快，很害怕老师点我的名字，回答完问题坐下来后我的手还会不停地颤抖。

开学以后，我上初二了，爸爸给我换到了一个成绩特别好的班级。有一次音乐课上，老师带我们玩游戏：用一个瓶子，在同学之间轮流传递，老师叫停的时候，瓶子在哪位同学手上，那位同学就来念一首诗或唱一首歌。结果有一次瓶子就停在了我手上，我怕念错或念得结巴，让同学们笑话，就呆坐在座位上，不知所措。过了一会儿，老师等不及了，当着全班同学的面对我说了一些很有哲理却很伤人的话。最后还是班长站起来说帮我唱一首歌，她唱得太好了，全班同学都给她鼓掌，顿时，我觉得自己很丢人。在我的字典里，好像根本就没有勇敢和自信这两个词。

知心姐姐，这是一种病吗？怎样才能提高自己的自信，勇敢面对老师的提问呢？

柠檬味的夏天

柠檬味的夏天：

要想不紧张，我曾提过这样的建议：把听众当成西瓜、冬瓜或其他什么瓜（只在心里想象，别告诉你的听众）。这个建议现在仍然适用。现在再提一个建议：告诉自己一定要“豁出去”。怎样才能“豁出去”？办法就太多了。说个最损的，谁敢笑你，就让他们“去死啦”。当然，也只限于在心里说说，不是愤恨谁，而是为了把自己放开，减轻心理压力。

给你讲一件我亲身经历的事。

在我念初中的时候，有一次老师叫我起来念课文。那段课文里有一个该死的“作祟”，你猜我给念成了什么？作“祟”。注意，是“祟”。老师说：“停！再把刚才的句子念一遍！”我于是遵照老师之命又念了一遍。

还是作“祟”。

“作什么？”老师脸色通红地说。

“作……作‘祟’？”我战战兢兢地说。

同学们憋不住了，哄堂大笑。

老师气死了。她以为我是故意的。其实我真不是故意的。作“祟”，按说，我是认得的，可是我太紧张了，非常想念好，结果却念错了。

“下课后你到我办公室来！”老师怒气冲冲地说。

哎哟，我沮丧得不行。

其实，我以前对于朗读是很有自信的，但是打那以后，每次朗读都像是受罪。后来，我又发现了一个现象，面对女孩子说话，如果是我喜欢的，我就变得很木讷，如果是一般的女生，那么我说话是没有问题的。于是我就得到了一个经验，越想表现得好，压力就越大，换句话说，之所以压力大，是因为我想得太多了。

把人家想成冬瓜，实在是无奈之举，不过，也是从血泪的教训中总结出的经验。对我是有效的，对你不知如何，你可以试一试。

那么，我们这种情况，算不算一种病呢？其实，就算是病又能怎样？我们也不能拿“病”做挡箭牌，所以，索性去他的吧。勇敢和自信，有时候就是这么来的——放开手，向前走，无所“畏”。

知心姐姐

问　我一学习就想起精彩的日本卡通片，怎么办？

答　顺其自然，为所当为。

知心姐姐：

这个假期我迷上了日本动画片。一天看好多集，没完没了地看，不但视力下降，半夜还总是做“动漫梦”。我很后悔当初看了第一集，很后悔当初仅仅认识到了动画片“可以放松心情、调节考试后的紧张情绪”的作用。任何事物都有好的一面，也有副作用，日本动画片也一样，所以我在几天前开始停止看那些动画片了。

但是，我在学习的时候会时常想起剧情。我感觉自己好像分割成了甲、乙两个人。甲爱幻想，乙很现实。甲时常走进动画片的剧情中，乙总是将她拉回现实。在甲乙的纠结中，我学习的时间又流逝了许多。我一想到自己很可能会在上课的时候想起日本动画片的剧情，没办法做到全神贯注，就心有余悸。我到底该怎样忘记？您别笑话我，我就是这样杞人忧天。有人说忘记一个人很难，而在我看来，忘记日本动画片也很难。

Paowe

Paowe：

既然你那么喜欢日本动画片，知心姐姐就给你介绍一个日本人吧。他叫森田正马，不过，他不是个画漫画的，而是一位心理医生。他创立了著名的治疗神经症和强迫症的心理疗法——“森田疗法”。

森田正马的一生充满了痛苦。他爸爸是个小学教师，对他寄予了很大的期望，要求非常严格，从很小就教他认字、读书，一有空就教他读古文和历史，还经常因为晚上他没有背完书，不让他睡觉。森田正马压力大得开始厌学，更严重的是，他到 12 岁还经常尿床，这让他非常自卑。到了上大学的时候，他开始神经衰弱、失眠，甚至想到自杀，还因此服用大量药物。后来，他决定放弃一切治疗，什么药也不吃，一心一意地学习。慢慢地，神经衰弱的症状反而不知不觉地消失了。这些经历，促使他后来创立了著名的“森田疗法”。

在他《自觉与领悟之路》一书里这样写道：“不必刻意地安排生活，只要能按照基本的愿望去生活就可以了。”这就是森田疗法的精髓，也就是我们常说的“顺其自然”。

你知道吗？每个人每天都会有各种各样的想法和行为，但一般来讲，人们都是不以为意的，随着时间的流逝自然而然就忘记了。比如，你在看了大量日本动画片之后，经常会记起里面的画面和情节，这本来是一件非常正常的事情，但是你怕耽误学习，不想让自己分心，所以就警告自己“别再想了”，结果就把这一件本来很平常的事情给强化和固定了。于是你越想忘，越忘不了，越不想让自己想起日本动画片的情节，越是会想起来，陷入恶性循环之中。你是不是对自己说的最多的一句话就是：“我再也不能想日本动画片了。啊，我怎么又想起来了。”你看，其实真正会危害你的不是日本动画片，而是这些强迫症状带来的负面情绪，因为不停地想起自己不愿想起的东西会让你心烦意乱。

每个人都有影响自己学习的阻力存在，谁也不会有什么完美的学习或工作状态。比如，知心姐姐工作的时候就不会老想起日本动画片，而是老想着今晚回家多吃点儿肉。我不停地告诉自己，给亲爱的 Paowe 回信的时候要认真一点，不能想东想西的，可是越想认真回信，那些肉肉越在我眼前晃悠……

所以，你要和知心姐姐一起努力，学会：顺其自然，为所当为。

只有顺其自然才能回归到自然状态，逐渐淡化。像一只跳着的皮球，你越拍它，它会蹦得越高，只有你不理会它了，它自然会越蹦越低，最后完全安静下来。所以，知心姐姐劝你学会心平气和地接受自己对日本动画片的热爱和回忆。既来之，则安之，不要把它当敌人一样排斥，这样才能开始回归自然状态的良性循环。

千万别问知心姐姐“那我什么时候才能恢复正常”这样的问题，其实这个问题本身就说明了你还在排斥，等你什么时候想起日本动画片能够很平和，即使总是想起来，也不会懊恼，慢慢地，它就不再是你的负担了。

或者下回你再想起来，就告诉自己：想起来就想起来呗，没什么大不了。

知心姐姐

问 好累啊，我不想和她比了，怎么办？

答 走出攀比的魔圈，不再咬牙硬撑。

知心姐姐：

在一次学画画时，我的同学小清说："你不要笑，不然我也要笑了。"我问："为啥，我长得有那么好笑？"她说："嗯。"这话要从别人嘴里说出来，我不会生气，我只会当它是一句玩笑话，但她说的就不一样了。我和小清虽然表面是朋友，一起画画，一起玩儿，但私下一直暗暗比较，她说这话，百分之百是嘲笑我，因为她一般不会和我开玩笑。

从此，我们就没再说话了。我不想和她比了，我好累……

六月

六月：

要是有这么一个人，每天都跟我互相比较，我肯定累垮了。毫无疑问，这样的生活，别说人，就连斗鸡，估计也受不了。人家斗鸡，打一会儿架，还要休息很久的。

比较，无非就是想争一口气，你考了 98 分，我哪怕比你高 0.2 分，也觉得自己是赢家，在你面前走起路来都是挺胸抬头、理直气壮的。若是低了那么一丁点，我就气得半天都回不过神，甚至俩人本来是好朋友，结果因此还闹别扭。

比较，容易让人变得敏感，甚至脆弱。我曾在豆瓣网上看到一个求助的帖子，发帖的女孩详细地描述了原委："我和我一个好朋友商量好在儿童节互送礼物，于是我很细心地挑选了半天，最后选了一个很可爱的芭比甜心卡通相机。作为学生，100 块钱也不算是太小的数目了吧。我们好久都没有互送礼物了，所以才想送一个稍微贵点的，希望她收到了会很开心。事先谁都不知道对方会送什么礼物，我们都充满了期待。可是，我收到她的礼物，特别沮丧，仅仅是一个算不上精致的耳机和一支奇怪的圆珠笔。这和我送的相机相比，差距也太大了吧。难道我在她那里就值这么点钱吗？虽然我知道礼轻情意重，可还是觉得心理不平衡。"

看得出来，她心里很不好受，不然不会午饭时间坐在电脑前倒苦水的。女孩最后还问：谁能来劝劝我，谁有什么好办法，能让我心里舒坦些？

有网友就在下面跟帖："实话告诉你吧，你买的卡通相机是假的，就值十多块钱，这下你平衡了吧？"哈哈，当然，这是开玩笑。

还有一位叫米娜的网友宽慰她："送礼物这事儿本来就

是你情我愿的，如果之前还要商量价钱，那你们的友谊才是真的有问题。你能买相机，是因为你能拿出 100 块钱，你怎么不想想，万一是你朋友家庭条件不允许呢？如果真的没钱送你贵点的礼物，她心里肯定也不好受，你要是还计较，这份友谊还靠什么延续呢？”

米娜说得没错。再真挚的情感也经不起两颗心在物质面前的夹击，对礼物、对成绩的关注，会让我们忽略了对方这个人本身。我们将礼物的价格与自己在对方心目中的分量擅自等价，将排名的先后和对方对自己的态度盲目对应。于是，友情被挤到那小小的角落里，没人问津了。

不想比了，是好事。不是输了，而是你想走出攀比的魔圈，不想再在魔圈里咬牙硬撑。现在，再想想小清说的那句话，还是百分之百的嘲讽吗？可别忘了，她是这么说的——你不要笑，不然我也要笑了。也许是你把她逗笑了呢？那样，岂不是冤枉小清了？

就在看到你这封信的昨天中午，我接到一个老朋友的电话，他是我小时候的竞争对手。他打电话没问我现在是不是文章写得比他好，他只是问声好，问我在北京过得还好吗。那时候的对手，现在看来，很怀念，很温暖。

知心姐姐

问 我没把所有精力放在学习上，怎么办?

答 成绩是个小色块，只有它，构不成你缤纷的世界。

知心姐姐：

我是个小学生，在快毕业之际我很想提高成绩达到爸妈的期望，考进好学校。但是，我被很多事情牵绊，没法把所有的精力都花在学习上。以前我的成绩一直在年级名列前茅，可是近两年不知怎么了，成绩即使在班级里排前几名，在年级却一直排不上号。我以前很喜欢交朋友，但是后来心灰意冷。现在我心里有一个念头，在新学期里只顾自己，再也不相信朋友，凡事靠自己努力。我该怎么做，才能靠自己提高成绩呢？

茉儿

茉儿：

近两年的经历使你得出了两个结论：一个是不能相信朋友，一个是凡事得靠自己努力。听你的口气，这两条似乎还有直接的关系——因为朋友不值得相信，所以必须得靠自己努力。在聊成绩之前，你也听听我的想法。这两者实在没什么亲密的联系，把宝押在自己身上，靠真实本领吃饭，这是很深刻的认知。可不知为了什么，你一定要把朋友排斥得那么彻底呢？

生命的优势劣势都是轮着转的，再自立、强大的人，完成一些了不起的事情，回头看，都是少不了向朋友伸手的。人与人之间，有着千丝万缕的联系。没有朋友往来，就像住在没有通路的死胡同里一样闭塞，寸步难行噢。

读小学时成绩好，除了证明你在小学时是个学习不错的孩子外，漫长的生命中，其他什么都证明不了。稻草女孩经过四季摇曳变成公主，七彩凤凰一夜之间成为麻雀，都是发生过无数次的真实故事。人生的画卷里，成绩不过是个小小的色块，只有它，构不成你缤纷的世界。

说到你最最关心的问题——怎么做才能提高成绩，“我被很多事情牵绊，没法把所有精力都花在学习上”，答案不是在你那儿吗？把这些牵绊一条条列出来，从最简单的开始剔除，就算剔除不了，也得好好教训教训它。我们的脑子像大草原似的，喂养了各种牛马，一不留神，总有调皮的放肆撒欢去了，得早些驯服它，不然它会给你惹更多的麻烦。

知心姐姐

问

仅一分之差，我错过了心仪的中学，怎么办？

答

改变不能适应的，适应不能改变的。

知心姐姐：

我是一名初三的学生。刚参加完的中考，直接决定我能不能上那所我心仪的高中。我为这所高中放弃了很多机会！可是现在结果出来了，我只差一分就过线了！我现在觉得好委屈、好难过！

小R同学

小 R 同学：

知道吗？你就像是另外的一个我，在一场同样重要的考试——高考中，我也因为两分之差，没能够去到我心仪的大学。当时我也觉得很难过，所以我能理解你的心情。

不过，当我收到另外一所大学的录取通知书时，我第一时间不是埋怨当初怎么不多写对一道题（过于沉溺于过去只是在折磨自己），而是自己一个人背起背包，去当初心仪的大学走了走。在那里玩了几天后，我发现原来它也有一些我无法容忍的地方，比如宿舍条件啊之类的。后来我也把我的不满倾诉给一些已经念大学的师兄师姐，他们说："无论你选择哪所大学，最终你都会发现它也未必就是你心目中的样子。"因为没有十全十美的大学（高中），正如没有十全十美的人。而我们所能做的，就是去接受现实，慢慢探索所选择的大学（高中）的美。

小 R，你说你为你心仪的高中放弃了很多机会，亲爱的，这不是一种"放弃"，而是"付出"。当你为了梦想而付出的时候，应该感到高兴啊。著名画家梵高的故事你应该不陌生吧？他一生为了绘画而付出，可是无人理解，他看似什么都没有得到，而实际上他得到了无悔——他无愧于自己的选择。正如你，看似没有得到想要的，可是你付出过，努力过，你个人已经在这个过程中得到了成长，心智开始变得成熟，而这点，是无论哪所高中的教学，都无法带给你的。

相信我，你是富有的，你拥有着很多人都没有的"经历"。你的路看似要比他人曲折一些，但是并不代表你到达目的地的距离就要比别人远一些。明天，会有一个陌生的高中来迎接你，在那里或许你会有很多不适应，送你一句话："改变不能适应的，适应不能改变的。”当你走过高中三年（始终带着求知欲与上进心），你会发现，当初的一分之差其实是为了给你的人生多加一分。

未来等着你。

知心姐姐

问 临近毕业，我没有时间玩了，怎么办？

答 要强是我们的壳，有趣才是我们的核。

知心姐姐：

我是一个六年级的女生，现在临近毕业，学习特别紧张。因为我的成绩在班里名列前茅，老师和家长都死死地盯着我，希望我可以在这半个学期里再努把力，进入比较好的中学。所以他们每天都限制我玩的时间，一直让我学习。

可这对于爱唱歌、爱打篮球的我来说是最大的煎熬了。而且作为班长（其实同学们都叫我“御姐”），还要帮老师做很多班里的事儿，虽然这是一个班长应尽的职责，但是却把我仅剩的可怜的课间时间都占用了。原本开朗活泼的我，现在一点都不快乐！

知心姐姐，求求你，帮我想想办法吧。我真的想要每天都开开心心面对身边的人，高高兴兴地学习、做事。

星光

星光：

你还真是名副其实的“御姐”噢——成绩名列前茅，一班之长，还爱唱歌爱篮球……你不曾对自己的成绩感到自得，也并非因为搞不好同学关系而发愁，可是为什么拥有了让人嫉妒的一切，却仍不开心呢？

听了你的描述，我觉得你不是没有快乐，只是快乐流失在了老师、家长对你的希望里，流失在了毕业班的紧张学习里。可能是因为老师、家长对你期望太多，也或许是他们担心如果不对你严格要求，你就失去了继续进步的动力。是的，我知道有人认为，进步的动力来自于永不满足，好像不满足才会得到更多。但是这把人看得也太简单了，至少，人不是永动机，需要休息，需要透口气。

所以啊，我的建议是：你要和老师、爸妈谈判，给你留出一点自由时间。或许只是半小时，哪怕是十分钟，你可以完完全全放松自己，享受自由的乐趣。

“可是，”你或许会说，“问题就在于，现在正是非常时期，他们根本不会给我自由时间呀！”嗯……这个嘛，鉴于老师和家长都死死地盯惯了你，和他们谈判的难度应该很大，但是尝试让他们相信，学习进步和自由玩耍是可以同时存在，并且互补的。如果道理讲不通，那么，实在不行，就跟他们耍赖啦！我们都知道，没有自由，就不会有趣；要强是我们的壳，有趣才是我们的核。一个没时间、没心情有趣的人，固然有强人的外壳，却没有生动的核心，于是，开心地面对旁人，乐观地面对自己，几乎就成了一种奢望。

星光，可能耍赖的确不是你“御姐”的风格，但为了争取一点自由时间，不妨试一试吧。就算耍赖不成，也要记得，是什么才能让你真正的开心。

最后，我是预祝你谈判成功，还是耍赖成功？加油！

知心姐姐

注：“御姐”本意是对姐姐的敬称，一般引申为对班级或团体里比较强势、有能力的女生的称呼。

信箱

问 座右铭贴满墙，我却做不到，怎么办？

答 你的思想和行动比任何外来的助力都能够帮助你。

知心姐姐：

我们班的班长声音好、相貌好，经常主持学校的各种文艺演出。我真的很羡慕她，当然更羡慕电视里那些风度翩翩的主持人。因为，我长大之后也想当个主持人。虽然，有时候我真觉得自己不是那块料，但我还是相信“只要努力，就有成功”这句话。

我在房间的墙壁上贴了许多自认为很有哲理的座右铭，但是看归看，我总是做不到。我也知道只有奋斗才能成功，可是我根本没有恒心，怎么办？我做主持人的梦想还如此遥远。我真希望有一样东西可以帮助我走上通往成功的道路。知心姐姐，你能告诉我该怎么做吗？

杭可

杭可：

我真希望有一样东西可以帮助你走上通往成功的道路，而且也希望这样东西用很简单的办法就可以得到。不过，这对我来说恐怕是个“不简单”的问题啊。

听过这样一个小故事吗？有一位年轻的国王，他刚刚上任的时候，立志一定要把国家治理好。于是，他派大臣到世界各地搜罗充满智慧的书籍。5 年之后，大臣载着小山一样高的书籍回国了。国王一见头都大了，他皱着眉头说：“这些书太多了，你们拿去精简一下再拿给我看吧。”过了 5 年，大臣把精简下来的 500 本书献给国王，可他仍然嫌太多。于是，大臣再一次召集智者又花了 5 年时间把这些智慧浓缩成 50 本巨著。不过，这时的国王正被国家的各种问题弄得心烦意乱，根本无心阅读，于是命令大臣把这些智慧用最精练、最简单的方式写出来。几年过去了，智者们通过不懈努力，终于把这些治国的智慧浓缩成一本书。可是，国王已经没有兴趣看书，也没有时间实践这些智慧了。他的国家问题丛生，不断有外敌入侵，而国王也是百病缠身。他感叹道：“现在任何智慧也救不了我了！”

看到这个故事的时候，我一直在想，如果这个国王从一开始就认真地阅读这些书籍会怎么样呢？也许他一辈子也不可能把这些书看完，但是他一定能学会很多治理国家的方法。当然，要是他只是读书却不知道怎么把这些智慧运用到实际中，这些伟大的智慧照样也帮不了他的忙，对吗？

杭可妹妹，你房间的墙壁上贴的那么多名言，其实也是大师们浓缩自己的人生精华写出来的啊。你把它们贴在墙上，不也是为了让这些智慧帮助自己找到正确的努力方法，获得前进的动力吗？既然如此，可不要像那位国王一样啊。

不过，换个方式思考一下，也许我们能够找到一个精简的办法。这个国王想把所有知识精简到一本书里，可为什么不找一本适合他的书深入钻研一下呢？这样或许要比对所有东西都一知半解来得好吧。杭可，既然墙上五花八门的座右铭不能逐一实践，那不如清理一下，只留下可以让你看到就信心倍增的那句吧。没准儿墙壁变得清爽时，你也可以从浮躁的情绪中走出来，踏实而专一地为自己的梦想做些什么。

或许，还可以再精简呢？等这句座右铭真的变成了你自己的智慧，变成了实际行动，那么它也可以离开你的墙壁啦。因为，那时候你已经不需要它来提醒了，说不定哪天还能浓缩自己的感悟写出一句你自己的座右铭呢。

杭可妹妹，你希望有一样东西帮助你走上成功的道路。我现在就告诉你，能帮助你的就是你自己，你的思想和行动比任何外来的助力都能够帮助你。不信，你试试！

知心姐姐

第二辑

在我们小时候，很多东西没见过，很多知识不知道，很多事情做不到，所以我们学习，通过学习，增长见识、知识和能力，但是由于某种缘故，有的人开始厌倦学习。

“厌倦”常常伴随着沮丧、麻木、怀疑，没有动力，看不到希望……

在本辑中，我们会从各个角度认识“**厌倦**”。

我们不只关心表面的厌倦，比如，不喜欢某个学科，厌倦了跟同学比较，也会去探究一些**深处的缘由**，比如，为什么成绩好却怀疑自己不行，为什么成绩差却没有危机感。我们还将一起思考，学习是为什么。

学习，是因为**热爱**。学习，是为了我们的热爱。你的热爱是什么？

问　我好像得了“厌学综合征”，怎么办？

答　咬紧牙关继续前行才有希望。

知心姐姐：

我发现自己好像得了“厌学综合征”。症状是：喜欢把自己关在家中；到学校就犯困，想打瞌睡；一迈进学校大门，就会出现拉肚子、低烧、头晕、胸闷等症状。可是一听见放学、放假，马上就“健康”起来。

天天这样，成绩哪能上去呢？

上课想睡觉，有好几次上课居然睡着了。幸运的是没有被老师发现，要是被老师发现了准会K（批评）我一顿。

可惜好景不长，星期一最后一节课，我照样睡着了。

没想到这回被老师抓住了，本来老师对我的印象就不怎么好，这回这么一来更是火上浇油，居然把我的家长叫来了。老师在我的家长面前光说我的不好，回到家中，爸爸没打我也没骂我，却只说了一句让我痛苦万分的话："休学吧！"休学，犹如一个晴天霹雳。

知心姐姐，"厌学综合征"真的是没药可治吗？不，一定有。您就是唯一能治这种病的人。知心姐姐，救救我！

刘赛

刘赛：

你见过磕头虫吗？它的样子是这样的：身体细长，全身是黑色的；不善飞，爬行速度也不快。突出特点是：躺着时不容易翻身，但它的头部和躯干连接处具有很大弹力，当它不幸仰面朝天时，它的头就反折向地面，绷紧后一弹，就能腾空而起；如果被人捏在手里呢，它的头就会向下一磕一磕，因而得名"磕头虫"。如果你见过或听说过，你大概还知道它有一个装死的本领吧？当磕头虫将身体弹起几次，若还不能翻起身时，索性就再也不动，听天由命了。它这时候放弃努力，其实是把自己置于一个危险的境地。想想看，它怎么能保证自己不被过往的车轮碾死，或被人扔在地上摔成残废呢！相比之下，另一种昆虫——蜜蜂就强多了。它飞快地振动翅膀，孩子们很难捉到它。而且它有毒刺，如果有谁阻止它采蜜或飞回蜂巢，它宁肯是拼死一搏也要飞走。

成功的人，他们的才智其实没有太大超人之处。他们一样会面对压力和挫折，有的还会面对磨难。他们并非从没有想要退缩的时候，也会和别人一样经历迷茫、失落的阶段，但他们所多的是决心、勇气和坚持。当他们为难时，不让自己在退缩的情绪上多停留，而是自己催促自己赶紧前行。于是，他们前行一步所取得的一点小小成绩，立即加强了他们的信心，这样一来，渐渐地就把停在原地徘徊的人落下了。在厌弃的地方徘徊，对自己并没有好处，只有咬紧牙关继续前行才有希望，是这样吗？

几乎所有人都有生病的经历，一开始，病人并未意识到生病的“用处”，但生病常常会给病人带来某些“好处”，比如得到安慰、呵护、宽容等等。我小时候就有过这样的体验。但是生病得到的好处并不长久，而且生病对自己的坏处也常常让你始料不及。你大概也没想到竟被老师叫家长，又险些连学也不能上吧？爸爸说的“休学吧”让你痛苦万分，这并不代表他对你放弃希望，也不能说明他不关心你，很可能是他对你的状态感到着急，希望刺激你，使你能瞬间警醒，并尽快振作起来。其实，对你来说，解除自己的症状并不难，那要看你是不是真的下决心、有勇气、能坚持。我真心地希望，你要求解除症状的愿望，真的像你信中说得那么认真、迫切。如果我有个亲弟弟和你一样，我一定也会这样告诉他。

知心姐姐

问

我想念职业学校，妈妈却想让我念讨厌的高中，怎么办？

答

人生就像登山，你不断向上攀登，视野就会越来越宽阔。

知心姐姐：

我已是一个初三的学生了，马上面临的就是毕业。我所苦恼的也正在这里，妈妈希望我上高中，可我并不想上高中，我希望我能够念职业学校。因为现在我很用功，每天都过得不快乐，但学习却不怎么好，我很失望，为此断了上高中的念头。我的理想对于我来说既远大又渺小，在别人看来也许觉得很没出息。和我一同长大的几个伙伴也在读初中，我真的很怕我考不上高中而遭到邻居的嘲笑，如果别的伙伴考上了，而我没考上，他们又会作何感想呢？

我心里一直很矛盾，前怕狼，后怕虎，我很想调整心态，却又找不到合适的理由来劝自己。我到底应该坚持自己的理想，还是听妈妈的话去念那讨厌的高中？面对两种选择，我该怎么办呢？我很茫然。

艳

艳：

你说不知道该坚持自己的理想，还是听妈妈的话？如果抛开一切，单纯地回答这个问题，我会毫不犹豫地告诉你："去吧，去追求自己的理想，勇敢些，不用在乎别人的眼光，不要把妈妈的不理解放在心上，用你的行动证明你的选择是对的！"可是读完这封信，却发现你真正的困惑并不简单。

你说自己的理想是上职业学校，又说因为学习成绩上不去而放弃了考高中的念头。有没有发现这两种说法有些矛盾？静下心来想一想自己的理想到底是什么？其实，你缺少的不只是妈妈的理解，还缺少一份直面自己和现实的勇气。想想看，如果你的成绩有所提高仍然会选择上职业学校吗？如果妈妈支持你的决定，周围的伙伴和邻居也不会因此瞧不起你，你还会对自己的选择产生怀疑吗？一边是遥不可及的理想，一边是无法面对的现实，我想这才是你感到茫然的原因吧。

的确，确定自己的人生理想不是一件很容易的事情，你的迷茫和畏惧很多人都会有，而且确定自己的理想是一个漫长的、经过多次斟酌的过程，其间我们常常会陷入两难的境地，不知如何选择。但是有一点我们可以确定，在你选择好自己理想的时候，也就意味着选择了相应的困难。也就是说，无论哪种选择都有你必须要面对的问题。

选择高中应该是你最初的愿望吧？你说因为学习一直没有起色而打消了上高中的想法，选择职业学校，但这真的是你想要的吗？考职业学校也许要比为高中奋斗轻松一些，你也许不必再为提高学习成绩而着急上火，但这样就能真的快乐了吗？朋友和邻居的嘲笑倒是其次，这些会被时间淡化，而留在心里的那份遗憾，却可能会一直陪伴着你。

谈到坚持理想，萧伯纳曾经幽默地说："千万要把你喜欢的东西弄到手，不然到头来就只能喜欢手头的现成货了。"我想这句话送给现在的你应该很合适。梦想对于每个人来说都是一笔宝贵的财富，而实现梦想的机会也是有限的。与其让自己的不甘心成为永久的遗憾，不如放手一搏。离中考还有几个月的时间，谁能预言你的成绩不会突飞猛进呢？而且，即便到时成绩仍然不理想，你的心态和现在也可能会有很大不同，因为你已经在努力拼搏的过程中长大很多，也同样有了一份收获。到时，你可以对自己说："我尽力了，没有遗憾了。"

艳，最后还想告诉你，理想从来不是一成不变的，它会随着我们的成长而慢慢长大。人生就像登山，你不断向上攀登，视野就会越来越宽阔，你的理想之路也会一直向远方延伸。

知心姐姐

7

问 我快要成为“学习机器”了，怎么办？

答 解决了学习态度和学习效率问题，你就有了“谈判”的资本

知心姐姐：

我感觉自己快成为“学习机器”了。除了要完成学校的作业之外，妈妈每天都会给我布置繁重的学习任务，连周六周日也要上三四个兴趣班。除了吃饭时间，我感觉自己一直在学这学那。有时候连闲坐一会儿发发呆，妈妈都会唠叨我，说我没有有效地利用时间。

每次我让妈妈给我减负的时候，她就拿我跟班里那些成绩比我好的孩子比，知心姐姐，我该怎么办？

小雨伞

小雨伞：

前几天，我读了一个很有意思的小故事，说的是一对夫妻，每次吃鱼的时候，丈夫都把自己最爱吃的鱼头让给妻子，而假装自己爱吃鱼尾，而妻子每次都把自己最爱吃的鱼尾让给丈夫，假装自己爱吃鱼头。就这样，他们一起生活了一辈子都没有吃到自己喜欢吃的东西，直到他们去世前才把心里的秘密告诉对方。

有时候我们自以为是为对方做了牺牲，付出了很多，但却并不是对方想要的，或者并没有满足对方真正的需求。你和妈妈是不是也处于这种状态呢？我相信，一个每天施压的妈妈不是你想要的。

我认识这样一些孩子，他们自己决定自己参加什么样的兴趣班，自己制订每天的学习计划，并且严格遵守。家长们把时间管理、自我管理的权利放到孩子的手上，似乎一点都不担心他们会搞砸。怎么才能建立起这种理想状态呢？

第一，你要把学习由“妈妈让我做的事”变成“我自己的事”。

好比跑步，自己用尽全力往前跑，和别人在后面推着你跑，哪个更快？变被动为主动，这是学习态度的转变，这样的转变意义非凡。

第二，在有限的时间里高效学习才是王道。

你说自己很疲惫，除了学习任务重，有没有想过自己的效率还能提高呢？从今天开始，能 30 分钟做好的事情，就不要用一个小时来做。试试看你能节省出多少时间？

解决了学习态度和学习效率的问题，你就有了跟妈妈“谈判”的资本。

你可以向妈妈争取一到两周的“自主权”。在这段时间里，用实际行动向妈妈证明你的能力。甚至让妈妈觉得，没有她无微不至的帮助，你反而更主动、更努力、效率更高。

相信我，除非妈妈管你上瘾，不然她一定会如释重负，乐享其成。要知道，解放了你，也就等于解放了她。从此，她也不必继续做你的“服务机器”啦。

知心姐姐

问 我成绩好，但是骄傲自满，怎么办？

答 短暂的放松是需要的，何况你还能自我反省。

知心姐姐：

我是一名刚上初一的学生，在重点中学读书。虽然学习生活有一定压力，但我依然十分热爱读书，所以成绩还是挺不错的。不好的是，每一次大考拿到好成绩后，我总会不由自主地松懈下来，虽然经常骂自己、反省自己，但还是会骄傲自满。我该怎么办呢？

798935

798935：

祝贺你，你正处在生命的最佳状态。不管你信不信，这种状态是无数人梦寐以求的。大战一场，松懈下来，休整休整，过几天轻松日子，这是理所应当的事。弓弦紧绷久了，不松则断；水煮得太久，就不可能一直是开水，它成了水汽；对主人再忠诚的小狗，也不可能叫一晚上，那样它会咽喉发炎。所以，短暂的放松是需要的。何况，你还时不时逼着自己反省，这是多好的精神状态啊。

知心姐姐

问 大家都努力时，我却找不到学习状态，怎么办？

答 把注意力放在学习本身，你的成绩和他人无关。

知心姐姐：

上学期考试，我一下子从班级第十考到年级第三。可是到了下学期，我发现大家都开始努力，我心里也慢慢有了压力。大家都努力时，我却没了动力，上课集中不了精神，在家学习也经常分心，我常常心不在焉。我很苦恼，为什么我的心理承受能力这么差？我很想找回原来的状态，可是不论我怎么努力，状态还是不行。快期中考试了，我真的很着急。知心姐姐，我怎样才能找回原来的学习状态呢？

木木

木木：

看完你的来信，我想和你分享一部印度电影，名叫《三个傻瓜》，这部电影主要讲的是 Rancho、Farhan 和 Raju 三个好朋友的大学生活。他们在号称印度排名第一的皇家工程学院上学，学生在开学第一天就被校主任用“鸠占鹊巢”的例子传授大自然的法则：生命从谋杀开始，要么竞争，要么死亡。人生就像一场竞赛，不跑快点就会被别人超越。

在这所学校，学生就像机器人一样，只会盲从于教授，而 Rancho 是唯一一个与众不同的人。他对校主任说：“在这里，新想法新思维没人关心，人们只关心成绩、工作、去美国定居，教我们怎么拿高分，却没教我们怎么学工程。”校主任恼羞成怒，把他拉到一间教室，然后对学生说：“这里有位自大的教授，他认为他比优秀的老师还优秀，那么现在就让他来给大家上课。”Rancho 犹豫了一会儿，然后迅速翻开书在黑板上写下了两个英文单词，并对其他学生说：“你们有三十秒的时间来定义这两个单词，可以参考书本，找到答案的请举手，看看谁第一，谁最后。”学生们很快翻起书来，时间到了，但没人能找到答案。

接下来，Rancho 发表他精彩的演说：“现在把你们的人生倒回来一分钟，当我提出这个问题的时候，你们激动吗？好奇吗？为获得新知识而激动吗？没有。你们都陷入了疯狂的比赛中，就算你是第一又有什么用呢？你的知识会增长吗？不会，增长的只有压力，这里是大学，不是高压锅。”

木木，不知道你想过没有，你努力学习是为了什么？是为了在班级里排名靠前吗？如果是这样，一上课或看书就想着要怎么超过别人，注意力反而没放在学习上。正如

Rancho 的好朋友 Raju 在分析自己成绩一直不好的原因时所说的 :“因为恐惧。从小我就是好学生，父母希望我结束他们的贫困，这让我感到恐惧，就像比赛，不是第一就一文不值，我的恐惧剧增，恐惧影响成绩。”所以，建议你调整目标，每次考试都只和自己比，考不好的话更应该关心的是自己哪些知识点没有掌握，而不是在班级的排名。

好的学习状态，和人的心情、兴趣、情感、思维的活跃程度等都紧密相关，自然也对学习的效果产生着重要影响。但是，如果一个人坐等着好状态，明明有很多事情要做却无法着手去做，浪费时间不说，还会增加自己的焦虑感，反过来又会影响学习状态。所以我建议你坚持学习，制定一个个短期目标，完成目标后给自己一点小奖励，放松休息一下或者做点自己喜欢的事情，学习状态也就慢慢回来了。

知心姐姐

问 我讨厌数学，怎么办？

答 恐惧少一些，思维就会灵敏些。

知心姐姐：

我今年读六年级了，我最讨厌的一门课程就是数学，一天到晚就是加减乘除加减乘除，我头都快大了。快要统考了，我特别害怕考不上理想的中学，你能帮帮我吗？

烦恼

烦恼：

我和你太有共鸣了，数学是从我小学到大学一直头疼的课程，甚至在初中、高中，同属理科的物理、化学，在我眼中都是数学的帮凶。

不用闭眼，我都能想象出你被那些没完没了的加减乘除快逼疯的样子。你抱怨数学除了加减乘除还是加减乘除，呵，这可真是彻底没辙的事情，数学就是数学呀，如果全是故事，那就成历史了，若是画满了各种奇怪的动物，那便成生物了。

我现在已经不怕数学了，可能与不再需要面对各种测验、考试大有关系吧。巧的是前几天，再翻开以前各个阶段的数学课本，发现那些密密麻麻的数字亲切、简单起来了，甚至心里惊呼，那些公式真是神奇，它们能解释数不清的自然现象，还能制造机器。于是，我相信人内心的恐惧如果少些，思绪就会更灵敏些，看似无法突破的问题，好像答案会主动找上门来。

我们常说“知识改变命运”，其实改变人生的往往是我们的态度。我曾经对自己不喜欢或不擅长的课程索性嗤之以鼻，把人家那些学习好的同学叫书呆子。后来，我在电视上看到一个理科小孩，数学超级棒，文章写得好，还会弹琴，更会跳街舞。这时候，我才突然看透自己，对学习好的同学嗤之以鼻，多少有些羡慕、忌妒的成分。

数学成绩不好，这是发生在很多小孩身上的事，谁让人与人之间存在差异呢？我现在很想对小时候的自己说，分数低就低点，不要紧，重要的是，做个有气量的人，不要对数学带着敌意。所有的知识，我们可以选择，但尽量不要排斥，在有条件汲取的时候，永远不要排斥，因为谁也没法断定哪些知识一定有用，而哪些毫无用处。承认这一点，就懂得了坦然，坦然又会带领我们进入良性循环——轻松、活力、灵气，对自己充满信心，而答案总是喜欢自信的人。

知心姐姐

370

问

成绩不好，我不想考高中了，怎么办？

答

在选择之前想清楚，你的选择才会更靠谱。

知心姐姐：

我是一名初三的学生。虽然我的成绩不是很好，但家人还是非常希望我考高中，可是我觉得以我的成绩能考上的高中也不是好高中。而且如果我高中毕业考不上大学的话，那三年高中跟不读没有什么区别。

但是我老爸似乎也不同意我去读职校，他觉得职校之类的读出来没用，他说如果考不上高中就直接去打工。为此我很烦恼，我不想这么早就去打工。

我现在有个想法，就是我先去打一年的工，再用自己挣的钱去读职校（因为我父亲很反感职校），毕竟有一技之长好点。可是我又担心家里人还是反对，我也不知道该怎么办好了。

知心姐姐，你能帮帮我吗？

一个迷茫的同学

亲爱的同学：

我们每个人在不同的人生阶段都会遇到十字路口，每一个方向都代表一个选择，而每一个选择会带我们去到不同的地方。

如同你现在所体会到的无所适从一样，我们每个人在面临选择的时候，都会有个比较、权衡、斟酌，而后作出决定的过程。其实这些选择在大多时候并没有对错好坏之分，更多的是在这个具体的阶段和情境当中与自己的实际状况匹不匹配的问题。

所以，亲爱的同学，我们作出任何的选择都不应该是盲目而随意的，你需要想清楚很多问题。比如，你可以好好思考一下，初中毕业后想去上职业学校，是因为自己成绩不好而作出的无奈选择还是真的对职业学校有细致了解而心存向往？你所希望的一技之长有没有比较清晰的目标或者是方向？哪些职业学校符合你的期望？你是否有足够的信心在职业学校中过得比普通高中更有意义？你是否坚信自己在职业学校中能学有所成并能为以后的工作做好准备？

如果关于这些问题你都有了坚定的答案，那么，剩下的就是和你老爸沟通的问题了。或许在他的心中，还未曾想到你已经慢慢长大，已经懂得去规划和创造自己的人生。你可以告诉他你所了解的职业学校的情况，你选择的理由，你今后的打算，等等，也认真聆听一下他的想法，他的顾虑，他的建议。当然找个时间和他一起去实地考察一下职业学校也是非常有必要的，学校办学是否正规，治学是否严谨，学风是否浓厚，一探便知。

至于你在来信里说的想初中毕业后先去打工的事情，知心姐姐可以很负责任地告诉你，这事儿可不怎么靠谱。我不知道你确切的年纪，但据我的了解，初三的学生年纪应该不到十六岁，你知道吗？我们国家的劳动法规定“禁止用人单位招用未满十六周岁的未成年人”，也就是说如果你还未满十六周岁，外出打工必然会受到限制。当然，即便你年龄已经达到了十六周岁，依你目前的学历和经历，打工也不是那么容易的事情。所以，知心姐姐建议你，学好本事再出发吧！

知心姐姐最后想说的是，中考在即，不要思虑太多，好好准备一下中考吧，就算要去职业学校就读，咱也可以理直气壮地拿着一个无愧于心的中考成绩去，不是吗？

加油吧，迷茫的同学，期待你拨云见日！

知心姐姐

问

我想用好成绩安慰妈妈，可成绩却不进反退，怎么办？

答

让自己做个轻松的小孩，努力才更容易开出花朵。

知心姐姐：

我在小学成绩很好，我和妈妈从来不为我的成绩烦恼。可是上了中学，我的英语成绩越来越差，到了现在，我的英语竟然不及格了。我好害怕会考不上高中，我也在努力，可是为什么我没有进步反而退得这么厉害。我不知道该如何告诉妈妈。因为妈妈和爸爸感情不好，经常吵架，妈妈的心已经很痛了，我应该考出好成绩让妈妈有安慰，可是我竟这样不争气。我害怕会使妈妈更加伤心。上次吵架时，他们把我也拉了进去，我哭了，我看到了爸爸眼中的无奈，也看到了妈妈故作坚强的外表下那颗被伤透了的心。于是我下定决心一定要把成绩考好，为了自己，更为了挽回爸爸，拯救这个家。可是我很茫然，我到底该怎么办？

琦琦

琦琦：

真是难为你了，小小年纪却要承担来自家庭的困扰。我甚至有个很坏的想法，只要能还你一个温馨和睦的家，我情愿你的成绩再差些。没有一个幸福的窝，再好的成绩也抹不掉心头的冷清。

生活把你逼成一个敏感且容易精神紧张的小孩了。那些原本不是你的错，你也主动揽到自己头上。爸妈是两个成年人，他们吵架，更多是因为自身的原因。而你，是他们共同的最爱，怎么可能成为他们矛盾的源泉呢？

爸妈喜欢好成绩，这确实是放之四海而皆准的事。你想捧着好成绩，让爸爸为你骄傲，让妈妈多点安慰，这真是可以理解的事，换作我也会如此。但今天，我只能残酷地讲，这些并不是你生活的唯一，不能因为要给妈妈安慰，而眼中再没有其他。先让自己做个轻松的小孩吧。那样你的贴心、你的爱、你的热情、你的努力，才更容易开出花朵感染别人。何况，人在放松的状态中，思维会更敏捷，记忆力会更好，学习会更专注，成绩也会往好的势头走。

挽回爸爸，拯救这个家……真希望你的爸爸妈妈能看到我们之间的通信，也许看到女儿这般懂事，他们会更心疼你，他们会彼此多点包容。琦琦，别太为难自己，别让精神负担把你压趴下，你已经做得够好了。

虽然有些事无能为力，但有些事，却可以通过自己的努力去做好。提高英语成绩其实并不特别难，先仔细分析自己的薄弱环节，然后有针对性地做练习。去请教老师吧，请她给你更多建议。每天最好留出固定的时间给英语开小灶，查漏补缺。我真的相信，只要有心，肯花工夫，你一定会逐渐赶上。别灰心好吗？

祝琦琦安好！如果再难过了，我们就继续写信吧，只要能让你心里好受点。

知心姐姐

问 钢琴考级三次没过，老妈说再不过就不让学了，怎么办？

答 谁都无法预知结局，但只有努力才有可能成功。

知心姐姐：

很郁闷，前两天老妈刚刚给我报了今年的钢琴考级。因为连考了三次都没过，老妈在回家路上警告我：“如果今年再考不过，你就别学了。”可是，我真的已经很努力了。为什么会这样呢？唉，真的很难过，为什么有些事情即使努力了也不会有回报呢？想想就一点动力也没有了。

小艾

小艾：

假如一件事情付出努力也不会有回报，我们还要不要去做？

我想，这要看事情本身对我们是否有着积极而重要的意义。所以，先问问自己：我为什么要去参加钢琴考级？是不想违背妈妈的心愿，还是我有自己的目标和追求？

假如你可以毫不犹豫地回答：我一点也不喜欢弹钢琴，更不愿意去考级，只是不想违背妈妈的心愿。那不如把这个想法直接告诉妈妈吧。我们不必为了别人的心愿强迫自己做不喜欢的事情，这本身就是一种没有回报的选择。

但我相信，你曾经付出的努力中一定也有自己的坚持。如果你觉得这是自己的事情，是有必要而且想要去做好的事情，就不要因为几次失败而放弃努力和期待。因为，努力付出才会让事情的结局拥有更多可能。谁都无法预知结局，但只有努力去做才有可能成功。

小艾，付出努力而期待有所回报是人之常情。但是，一件对于我们来说有意义的事情，给我们的回报绝不仅仅有一个成功的结局而已。当我们努力而专注地去完成自己的目标时，会了解自己蕴藏的潜力，会感受到决心给自己带来的改变，也会因为专注而体会到这件事情真正的乐趣。这些都比一个简单的结果更珍贵、更有价值。

知心姐姐

问 我既想追求美，又怕耽误学习，怎么办？

答 平衡好两者之间的关系，它们会让你的人生闪闪发光。

知心姐姐：

我今年12岁了，最近开始越来越注意自己的外表了，一攒下零花钱，就喜欢和同学逛街、打扮自己。一看见那些时尚的衣服和饰品，我就有挪不动脚步的感觉。不过，我也有点担心，这样下去会不会耽误学习呢？我既想追求美，又想做一个上进的女孩。你觉得我能做到吗？

苦恼的莉涵

莉涵：

你的来信让我想起了一些时尚的知名女性。

首先是时尚女王可可·香奈尔，出身贫寒的她，有着清秀的面容和独特的气质。她本来有机会嫁给富商，过上人人称羡的生活，却为了自己的梦想与尊严选择了艰苦的个人奋斗——从一个一文不名的小裁缝，慢慢到有了自己的服装店，再到后来创办了属于自己的服装品牌。她坚信，随着女性越来越多地走入职业领域，她们需要更简洁的服饰，而不是拖地长裙。尽管这种理念遭受了那个时代的诸多非议，但她都不为所动。事实证明，她的设计是符合社会发展趋势的，她设计的服饰越来越多地受到了女性消费者的青睐。现在，人们一提起她，脑海中会马上浮现出那个一袭小黑裙、一头短发的女子，这种自信而特立独行的装束也诠释着她的人生态度："我不是个女英雄，但我选择了自己想成为的样子。"

还有艾玛·沃特森，那个曾在《哈利·波特》里扮演赫敏的女孩。穿着时尚的她是新一代的时尚女神，但这并不影响她成为学霸。她凭借优异的成绩从名校布朗大学毕业。让人对她刮目相看的还不止这些，作为联合国妇女亲善大使的她已经走访过孟加拉国、赞比亚、乌拉圭等许多国家，为那里的女童教育奔走呼吁。在一次联合国大会上的演讲中，她一直在表达，想让更多的女性获得跟男性同等的尊重、同样的受教育权利和工作机会。她希望和她有着相同观念的人们一起行动起来，让世界发生改变。整个演讲过程中，艾玛·沃特森的眼神中、声音中都流露出无比的坚定与自信，那一刻，我觉得她的美比以往任何时刻都更打动人心。

说了这么多，你一定明白我想和你分享什么了吧。时尚靓丽的外表当然会让别人眼前一亮，这和好好学习并不矛盾。而真正能让我们长久地感觉“我很棒”的，却是对梦想的不懈追求，以及在这个过程中逐渐形成的独立人格和丰富思想，这些不仅会让你发光发亮，还会对你周围的人产生积极影响。如果你愿意成为那个二者兼有的女孩，我会更支持你，为你鼓掌。

所以，请不要把美和上进对立起来。平衡好两者之间的关系，它们都会让你的人生闪闪发光。

知心姐姐

问 我成绩不错却怀疑自己，怎么办？

答 借鉴别人的经验，还要和自己的实际情况结合起来才会有效。

知心姐姐：

我们刚刚进行了一次大考。我的成绩还不错，我考了全年级第8名，全班第2名。这样的成绩出乎我的意料。

前两周，我在论坛上看到有人发了一篇帖子叫《尖子生成功的十大秘诀》。我把自己和帖子上说的比较了一下，发现自己有四个方面和他讲的不一样，并且其他方面也有差异！我不明白这是为什么。我觉得，要么是我成绩还不算好，要么就是他说得不对。知心姐姐，你能告诉我原因吗？

绿色世界

绿色世界：

我听过一个有趣的故事。大作家马克·吐温收到一封文学爱好者的来信："听说，鱼骨里含有大量的磷质，而磷质对补脑很有好处。那么，成为著名作家就要吃很多鱼吧？这种说法对不对呢？还有，您一定也吃了不少鱼吧？能告诉我，您吃的是什么鱼吗？"马克·吐温看后哭笑不得，给他回信说："看来，您得吃一条鲸鱼才行。"呵呵，如果吃鱼可以成为大作家的话，我就天天出海打鱼啦！不过仔细想想，身边的很多人甚至包括我自己也经常会陷入寻找成功秘籍的怪圈里。

绿色世界，我猜《尖子生成功的十大秘诀》这个帖子的点击率一定不低吧。大家都想从成绩好的同学那里取取经，而且发帖的同学也乐于把经验奉献给大家，这样的交流本身是件好事。可是，我们把别人的经验和标准直接套在自己身上就能成为尖子生吗？我想事情可没有那么简单。记得邯郸学步的故事吧，这个人不但没有学会优美的走路姿势，还在盲目效仿中失去了自我。所以，借鉴别人的经验，还要和自己的实际情况结合起来才会有效。你的成绩也不错，相信高招也不少，至于别人的秘诀，就当作是锦上添花吧。

还有一个问题，到底什么是尖子生呢？恐怕我们很难找到一个公认的标准答案，每个人都会有自己的闪光点，只要尽力而为，做到自己的最好就足够了，何必在乎别人的标准呢？人生的价值不在于达到某个既定的高度，而是不断超越自我。你已经做到了。

知心姐姐

问

考得这么差，我却没有危机感，怎么办？

答

别浪费了你冷静理智的头脑，现在就开始分析一下考试失利的原因。

知心姐姐：

这次考试，我总分才300多分。真是惨到家了！不过，我现在最担心的是，考了这样的成绩我心里怎么一点感觉都没有呢？看到有些考得比我好的同学都在那儿唉声叹气，有几个女生因为成绩下降急得都哭了。可我的心像是被冻住了一样，一点感觉都没有！

我可怎么办啊？！我是不是真的自甘堕落了？知心姐姐，你有什么办法让我紧张起来？我真的不想再这样下去了！

冰冷的心

冰冷的心：

说实话，如果我真有办法让你紧张的话，也不忍心告诉你啦。你说自己一点紧张感都没有，可是信里的每一句话都在告诉我，你是多么的着急和不安。冰冷的心，知道吗？其实，你的心不但没有被冻住，反而在像火一样燃烧呢！

是啊，考试成绩不理想的确应该着急的，这样才能促使自己努力学习，下次考个好成绩嘛。不过，真的只有唉声叹气和掉眼泪才能证明你有危机感吗？那可不一定呦。我倒觉得，与那些同学的情绪化相比，你更多了几分理智呢。虽然为不理想的成绩难过是人之常情，可是仔细想一想，哭过、烦过之后，我们总要振作起来，付出实际的努力才能让成绩提高啊。不理想的分数，也许会给你带来一些副作用，比如爸妈的唠叨，或是几个星期禁看电视的惩罚，但它已经成为了历史，就不要把它看得太重啦。

冰冷的心，可别浪费了你冷静理智的头脑，现在就开始分析一下考试失利的原因吧。想一想，那些做错的题目到底错在了哪里？不仅要想，还要动手去做，把那些错题再认认真真地做一遍，牢牢地记在心里。聪明人不是从来不犯错，而是不在同一个问题上犯第二次错误。即使你每天只能纠正一个小错误，日积月累也会有不小的收获呢！

有一个让我难忘的同学，他每次考试失利都会大声地说："我注定在每一次战役中失败，除了最后一次！"说完，就奋笔疾书去了。呵呵。其实，真正的强者是不会为失败而紧张的，他们从中吸取经验，获得动力，然后期待下一次挑战的到来。冰冷的心，相信你也可以做到！

知心姐姐

问　我的成绩跌入谷底，怎么办？

答　要弹出谷底，需要的不仅仅是激情，还有持之以恒的精神状态。

知心姐姐：

我现在很烦！我觉得自己变成了一个完全陌生的人。我的思想完全变了，我能很坦然地面对现在的我，只是每当回想起过去的事情，就感到很累。

我觉得自己很没用！曾经在一本书上看到过：“所谓成功就是跌入深谷后反弹的高度。”

我觉得很对，我想弹得很高，可因为急于求成，反而跌得更深。

现在的我只能打发日子，可又很不甘心。我觉得这样对不起把我从小养大的姥姥、姥爷，对不起为我付出那么多又承受那么多的爸妈……爸爸说不希望我在学校里成为一个反面的例子，可我还是这样了。

有人说过，当你很坦然地面对过去时，就证明已经接受它了。我很坦然。

我觉得自己像一个垂死的人，没有什么希望了。

知心姐姐，我有点不甘心！

迭舞

迭舞：

“所谓成功就是跌入谷底后反弹的高度。”还记得这句话是谁说的吗？他就是乔治·史密斯·巴顿，美国著名的“血胆将军”。一定要记住，是巴顿将军！这个问题可不是无足轻重的，它很重要。因为，这个名字可以帮你理解这句话的真意。迭舞，相信你一定看过很多关于成功的名言，为什么这句话会如此打动你，让你重新燃起生活的热情呢？我想，除了因为这句话生动地描绘了你现在的心境外，巴顿将军本身的人格魅力也有着巨大的激励作用，对吗？

那我们就来看看巴顿将军是怎么“反弹”的吧。“二战”期间，美国第二军在突尼斯遭遇了隆美尔的负隅顽抗，由于指挥不力，损失惨重，士气低落。巴顿将军临危受命为第二军军长，担负起把这支部队带出“低谷”的艰巨任务。上任后，巴顿将军立刻整顿军纪。他要求军官必须按时到位，士兵必须戴好钢盔扎好绑腿，连护士也不得例外。否则，“要么罚款 25 美元，要么送交军事法庭”。很快所有人都意识到，在巴顿将军的部队里，想要懒散地混日子是不可能的。随后，在巴顿将军的指挥下，第二军和英军配合歼灭德意北非军队 25 万人，取得了卓越的战绩。巴顿将军带领这支“跌入谷底的部队”成功地实现了“反弹”。

迭舞，古人说：“一鼓作气，再而衰，三而竭。”我不敢确定，巴顿将军的故事还能否激起你当初的热情。不过，我觉得这似乎不是最重要的。因为，要弹出谷底，需要的不仅仅是激情，还有持之以恒 的精神状态。你说自己想要弹得很高，却因为急于求成，反而跌得更深。我想，可能就是因为你没有把那股燃起的热情很好地分配到每一天、每一个行动中去吧。熟悉巴顿将军的人都知道，他很善于激起士兵的热情，但他在军容细节上的要求也是非常严格的。这些看似无关痛痒的小事，在他看来却是一个士兵、一支部队良好精神状态的重要体现，而这种精神状态也是保持战斗力所不可或缺的要素。

迭舞，你说你像个垂死的人，好像已经没有了希望。可我并不觉得热情、活力已经离你而去，它们就像深埋在土壤中的种子，而你的“不甘心”就是最好的“催化剂”。从现在开始，尝试着让自己的生活每天发生一点改变吧。今天，试着收起那些睡懒觉的借口，闹钟一响，马上起床。明天，把房间收拾得整整齐齐，甚至可以改变一下布局。后天，让自己加快脚步，抬起头……想想看，如果每天坚持改变一点点，并把这些改变保留下来，一个星期之后，一个月之后，一年之后，你将是怎样的一个迭舞呢？我相信，这种逐渐形成的良好精神状态和习惯，将是实现“反弹”的重要准备，而且能够积极地面对每一天的生活，这本身也是一种“反弹”，对吗？

迭舞，我还要告诉你，坦然面对自己的过去，并没有你想的那么糟，相反它是一种勇气和智慧的表现。因为，生活是一个延续的过程，我们不可能与原来的自己完全割裂。能够客观冷静地看待自己的过去，接受自己，才能更好地把握未来。相信你可以做到！

知心姐姐

问

我搞不懂大人说的努力学习是什么，怎么办？

答

努力的实质是切合自己的实际去安排时间，并尽力而为。

知心姐姐：

我是一名小学生，成绩在班上是前十名。爸爸妈妈总是叫我努力学习。我根本不知道爸爸妈妈眼中的努力学习是什么！在班上，我也问过比我好的同学，这么好的成绩是怎么来的呢？他们都说，是努力的呗！知心姐姐，你能告诉我要怎样努力吗？

杨蕊溢

蕊溢：

你的问题看起来简单，其实很难回答。怎样努力才算努力呢？努力的程度没有一个像尺子一样的标准。虽然很难回答，但又很有必要回答，因为这是大家经常遇到的问题——在很多时候，爸爸妈妈会说："你要努力学习！"你回答说："我已经努力了！""还不够，还要再努力！"于是疑惑就产生了，究竟怎样努力才算尽力？似乎是没有尽头的。

其实，以我的揣测，爸爸妈妈对你的努力程度是有一个衡量标准的，那标准虽然不是尺子，却像尺子一样精确。那就是你的成绩和排名。如果你成绩是下游，肯定是很不努力的。如果你的成绩是中游，那就是努力不够的。如果你考了第一名，爸爸妈妈就会很高兴，认为你是真的努力了。不过爸爸妈妈嘴上却仍不会承认你很努力，而常常会这样讲："不要骄傲，还要再努力！"他们的"尺子"不光精确，似乎还会伸长，让你永远够不着尽头，不能充分享受成功的喜悦。

这就是爸爸妈妈叫你"努力、努力、再努力"的秘密。他们的秘密可以用一句话概括：努力是没有止境的，你永远要做最强的。

做最强、最好，这也是孩子的心愿，只是你需要考虑很多问题，比如，你除了考虑目标，也须考虑本人的时间、精力，班级里的事情、和同学的关系，以及怎样玩，等等。这些问题是不能回避的，因为你不是机器人，不是生活在真空里。所以，怎样才算努力，不能只用成绩衡量，还要加上另一种方法去"测量"。

我们可以把一天的时间细分一下。一个学生的时间一般可以大概地分为：睡觉时间，吃饭时间，学习时间，玩的时间。其中，睡觉时间和吃饭时间是必不可少的，而且大致公平，不会有人不睡觉、不吃饭。剩下的就是学习时间和玩的时间。怎样努力就体现在这两块时间上面。我们可以说，如果你把玩的时间抹去，留给学习，甚至上学、放学路上也一边走一边背课文、算习题，我们且不说这可能不可能，单说努力程度，可以说是再努力不过了。

事实上，几乎没有人能做到除了睡觉、吃饭，其余时间全部用来学习。我们只是说，用在学习上的时间的多与少，可以说明你的努力程度。

花最多时间去学习，是否就等于努力呢？不尽然。“努力”和“时间”这两者并不完全对等。如果你用了很多时间在学习上，但精神不集中，效率很差，也是白搭。所以，怎样努力除了需要你合理安排时间，还要看你是不是学习时精神集中，从而用最短的时间学到更多东西。

综合以上的分析，我们得到“测量”努力程度的方法了，即：如果你用了比较多的时间去学习，并且是精神集中地学习，就可以说是很努力了。

说到这儿，我觉得还有一个问题有必要说一下：努力是不是仅仅体现在学习上呢？我不同意把“努力”等同于“学习努力”。努力的含义、方法，不光指在学习方面，还包括：

甜甜地睡觉。让自己每天睡个好觉，不要带着烦恼入睡，或者贪玩电脑影响休息；

安心地吃饭。最好不要在吃饭时还东想西想，或者一边看电视一边往嘴里扒饭，安心地吃饭可以让你更有力气、更有精神。

除了吃饭和睡觉，努力还包括娱乐。不要以为娱乐不需要努力，首先，你不在学习上努力，新课没弄懂，作业没完成，玩的时间就不会有。其次，玩的时候也需要痛快地玩，要暂时把学习和烦恼丢开，让自己彻底放松，恢复健康和积极的心态。

以上三方面都做好，再加上学习上的努力，才算是很努力的。

关于“努力”我们说得够多了。你会觉得这样处处努力很累吗？其实，努力的实质是切合自己的实际去安排时间，并尽力而为。当你自觉地安排自己的每一天，你就会处于一个积极、主动的状态，不是被动的，不是盲目的，这样的努力并不累，反而会带给你充实感。

拿出几天时间，试着按我上面说的，把一天的时间划分一下，然后每件事都专心去做。如果你觉得有效，就做下去吧！

知心姐姐

问　我没考上梦寐以求的学校，怎么办？

答　你为自己的梦想付出了努力，这些努力并不会付诸东流。

知心姐姐：

前不久，我不远千里赶到自己梦寐以求的学校参加入学考试。当我站在校园里，看着宏伟的教学楼和美丽的风景时，真的很激动。我一直在想，要是能在这里上学，那有多好啊！而且，我相信自己一定可以实现这个梦想。

考试之后，回家等待结果，我并不担心，觉得自己一定可以收到录取通知。可是，当我终于拨通了那部繁忙的查分电话，一个声音击碎了我的梦想“你没有被录取。”挂掉电话，我的泪水止不住地流下来，心情很压抑，感觉一切都没有意义了。

那天，窗外下着雨，正如我内心一样的悲凉。回想起自己站在那所校园里，那时觉得自己已经触摸到了梦想。可是现在，我却不得不转身离开，纵然有百般不舍，却无可奈何。

再见，我的梦。

思琳

思琳：

给你写这封信的时候，正是北京最冷的时节。每当看到窗外灰蒙蒙的天，还有老树的枯枝在寒风中颤抖的样子，我的心情也会不由自主地变得低落。有时会想，为什么要有冬天呢？这个季节似乎是用来冻结所有生机和希望的，好像一切在冬季面前都会止步。不过，仔细想想，冬天的存在真的没有意义吗？虽然它让万物凋零，但我想没有人会为此担心，因为我们知道春天总会到来，而包裹在寒冷下面的正是让万物复苏的希望。

思琳，其实心灵也有四季，而你也许正是走进了冬天。梦想破碎，只留下悲凉，这就是你现在的感受吧。的确，梦想能够给我们带来希望，正是有了它的指引，我们的生活才有了方向。可是如果没有实现梦想，你所做的一切就没有意义了吗？

曾经，听过一个古老的寓言故事。一个开罗人总是梦想得到一大笔财富。一天，他梦见神灵对他说："想要实现你的梦想，就到伊斯法罕去吧。"醒来后，这个人一直犹豫要不要遵照神的指示，因为伊斯法罕位于遥远的波斯，要到达这座"山颠之城"需要经历漫长而又艰险的旅程。可是为了得到财富，开罗人还是出发了。经过几年的艰苦跋涉，他终于来到了伊斯法罕。但这里只有战争留下的片片废墟，根本没有财宝的影子。开罗人彻底陷入了绝望，原来自己的一切努力只是一场空。这时，一个人过来和他搭话："看你的样子不像本地人，你从哪儿来？"开罗人答道："我从开罗来。""什么？开罗！你从那么遥远而又富有的城市到我们这里来干什么？"这个本地人大惑不解地看着他。于是，开罗人给他讲述了自己梦到神谕，然后来到这里寻宝的所有经历。"哈哈！真是天大的玩笑，我还梦见自己在开罗有座房子，花园里种着 7 棵无花果树，还有一个喷水池，池底有很多金币呢！别做梦了，赶紧回去吧。"开罗人只好带着遗憾离开了伊斯法罕，可不久之后他真的得到了一大笔财富。因为那个伊斯法罕人说的地方就是他家的花园，而在水池底下，他真的挖出了很多金币。

也许这个故事只是人们虚构出来的，但是古老的寓言总会包含着人生的哲理。想想看，如果这个开罗人不到伊斯法罕去，他怎么能有机会拥有自己梦寐以求的财富呢？也许我们最大的收获不是来自于结果，而是蕴含在我们所经历的过程中。你为自己的梦想付出了努力，虽然没能考上理想的学校，但是这些努力并不会付诸东流，也许在未来的日子里，你就会发现它们真正的价值。

思琳，还有一个问题不知你有没有想过？如果这次你实现了梦想，又会怎样？除了喜悦之外，你可能会发现前面还有一个更高的目标在等待着你。你看，梦想总是在我们前方，牵引着我们走得更远。现在，最重要的是重新给自己确立一个目标，然后制订计划，并且努力去实现它。我相信，即使在普通的学校里，你也能通过努力考上理想的大学，进而实现更远大的理想。加油吧，只要敢于心怀梦想，你就永远不会和梦想说再见。

知心姐姐

问

我成绩一般，又很在意别人的评价，怎么办？

答

有时候需要轻视别人的意见，重视自己的想法。

知心姐姐：

我是一个学习成绩很一般的学生，我十分想把成绩提上去，可我不知道该怎么办。每天，老师的一两句话可能就会伤到我的心，那时我真不想学了，可又不得不学。有时我又会因为同学无意间的一两句话而想半天，想它的对与错。我是不是每天都想得太多了？为了提高学习成绩我想有个学习计划，可又怕制订了实现不了。另外，我的父母都太看重结果了，每件事，即使我努力了，如果没做好，他们还是会教训我。我该怎么办？

被束缚的龙

龙：

我觉得你对自己的评价——“被束缚”——挺准确的。你认为束缚你的是什么？是那些话吗？不，束缚你的根本不是那些话，而是你自己。

其实没什么！有很多人，他们虽然努力奋进却得不到应有的评价，有时做出成绩得到的也不光是真诚的赞美，还有冷嘲热讽呢！所以一个人为了让自己过得快乐、充实，每一步都走得踏实、自信，有时候需要轻视别人的意见，重视自己的想法。实际上，任何人——即便是做得最差的人，都需要不断给自己肯定，而不要盼着鼓励从外面来；即便是你的现状“糟透了”，你照样可以把“糟透了”踩在脚下，让它成为你新的起点。

龙，别多想了，现在就开始做吧！

对自己说：“我已经在按计划行事了，我今天比昨天进步了。”让自信洋溢到你的脸上，让父母或旁人感觉到。

把你的自我肯定的话写下来或大声念出来，可以使效果更强烈。这样还可以避免你被“我怕自己制订的计划实现不了”的想法所干扰。

不断重复自我肯定。有时候，即使你已经告诉自己四次“我真的能行”，也不一定就高枕无忧，“自我肯定”的目的是要你说服自己去做一件困难的事，当你觉得信心还不够时，那就第五次、第六次对自己说吧！

知心姐姐

问 考试没完没了，我总也不能痛快地玩儿，怎么办？

答 把握好生命中的“大石块”，也别错过那些五彩的“碎石”。

知心姐姐：

经过两天的“煎熬”，烦人的期中考试可算过去了！

早在第一次月考之后，老师就一直给我们施加压力：“期中考试要到了，大家再拼一拼，争取考个好成绩！现在累一点，等考完试再好好玩！”我们听了以后，就知道又要遭罪了，可没办法，再拼一拼吧，否则又要挨罚。于是，我们老老实实地拼命学习，每天面对着成堆的作业奋战到深夜，幻想着考完后尽情地玩。可是，考完试后，我们又听到：“再过1个多月就要期末考试了，别光想着玩，再努努力，寒假再慢慢玩吧！”于是，一切幻想都破灭了，我们再也不抱任何希望，因为我们知道，期末考试之后，老师又要说，这个寒假很重要，成绩不理想的同学要好好补补课，成绩好的同学要好好预习，等等。总之，就是要刻苦学习，不要贪玩。等到中考之后再慢慢玩。“等到……之后再……”这句话我们已经听了几万遍了，已经厌烦了！我不禁想，什么时候我们才能不再等待，去做自己想做的事情？等到我们工作的时候？还是等到我们老了以后？那我们现在是用来干什么的？只是踏踏实实地学习，再踏踏实实地工作吗？

烈玄骑士

烈玄骑士：

你说的这些，我可是深有同感啊。想起上学时，也常常抱怨：“什么时候才能做自己想做的事情啊？！”老师的话也是听得耳朵生了茧。那时候总觉得爸妈上班很幸福，因为他们回家没有作业，也不用考试。现在，我有了自己的工作，才知道大人们要做的事情也很多。那等我们老了呢？估计又有那个时候要做的事了吧。所以，有时觉得我们就像一只永远不会停止旋转的陀螺，总有做不完的事，而时间却随着沙漏里的细沙越流越少。我们怎么才能在有限的时间里做更多的事呢？又有什么办法可以兼顾必须做的事情和想要做的事情？

记得，曾经在书上看到过一个小故事，很有趣，也很受启发，和你分享一下吧。有位时间管理专家，给他的学生们做了一个小测验。他把一个广口瓶放到桌上，又拿出一堆拳头大小的石块，并把它们一块一块地放进瓶子里，直到再也放不下为止。然后，他停下来问大家："你们看这个瓶子满了吗？"所有的同学都回答："满了。""真的？"专家反问道。他接着从桌下取出一些碎石，倒进瓶子里，然后敲击瓶壁让碎石塞满石块的间隙。"这回满了吗？""没有！"学生们大声回答。专家望着学生提出了问题："这个例子说明了什么？"一个学生说出自己的答案："它告诉我们，无论你的时间表多么紧凑，再加把劲的话，你还能干更多的事情。""不，"专家说，"那还不是它的全部寓意。这个例子还告诉我们，如果你不先把大石块放进瓶子里，那么你就再也无法把它们放进去了。那么，什么是你生命中的大石块呢？你的信仰、学识、梦想？或是和我一样，传道、授业、解惑？切记先去处理这些'大石块'，否则你会终生错过了。"

听了专家的话是不是感到有些意外呢？不过，他的话确实触动了我的心。也就在那时，我开始有些感谢当年老师们的那些唠叨了，因为它一直提醒着我不要错过生命中的"大石块"。不知你是否有同感？还是仍然对老师的话很厌烦，觉得那是一张永远的空头支票？没关系，我想这个答案不重要，关键是时间属于我们自己，要把它掌握在自己手中。时间就像一个等量的玻璃瓶，无论对谁一天都是 24 小时。你可以选择自己的"大石块"，那些对你来说很重要而且必须做完的事情，再准备一些“碎石”，它们可能不重要，但你很有兴趣。然后，开始按照自己的想法去装满玻璃瓶。看看怎样装你的一天才最充实。也许你会发现，那位时间专家的方法是个不错的选择，而且“碎石”也没有被“大石块”排挤出去，相反还成了有益的补充。

烈玄骑士，还要告诉你，有些乐趣也是属于特定的生活阶段的，错过了就不会再有。所以，试着去做自己时间的主人吧，把握好生命中的“大石块”，也别错过那些五彩的“碎石”，它会让你的生活变得更加美丽。

知心姐姐

问 我辍学了，还被关在家里，怎么办？

答 自由和信任不是凭空给的，是你拿自律和诚实换来的。

知心姐姐：

我是一名初二的学生，现在已经不上学了，不是家长不让上，而是我自己不想上。我原来是一个听话的孩子，就是学习不好，家长每天都说我，我都烦死了。我知道是我做得不好，可我就是管不住自己。

5月25日，我一个人在家，感到无聊，就出去玩了。我有一个毛病，就是一出去玩就没够，那天晚上我就没有回家，一直在外面玩，就这样在外面玩了三天。第四天早上，他们在网吧找到了我。当时我想找到了就回家呗，没有想到，回家了以后，我什么权利都没有了，连钥匙也被收回。就这样在家待了快一个星期。您感觉他们收我的钥匙应该不应该？我已经向他们保证我不再乱跑了，可他们就是不相信我。那他们这样做对不对呢？我知道他们以前一次次地相信我，可是我很少让他们相信不失望。这一次，我说什么他们都不相信。而且他们连电话都拆了，什么都不让我干，他们上班就把我一个人锁在屋子里。他们就是这样，是不是侵犯了我的自由呢？

我企图自杀，可是我才15岁，我也不想这么早死掉。我该怎么办呢？很苦恼！请你帮我分析分析，想想办法！

九瑜

九瑜：

前些天我干了一件蠢事，一位中学生的父亲央求我去劝他辍学的儿子复学，我就那么做了。事实上，我本来想换一种和那位父亲不一样的方式，可是还没等我兜圈子，那边电话就挂掉了。我感觉很没面子。现在，如果你有那么一丁点让我劝你上学的意思，最好打住，因为我是不会那么做的。

你说“一个人在家感到无聊”，我首先想到怎样帮你打发这无聊的时光。我自己经验是有限的，因为我逃学的经历很少，至于勇敢地退学就更谈不上了，于是我去向周围的同事、朋友讨教，可是他们学历都很高，这方面经验也少得很，最后我只能翻书了。我找到一本叫《从文自传》的书，书虽然不厚，逃学的经验倒挺多。比如为了逃学免受处罚而说谎，比如不上学的时间去下河洗澡、捉鱼，或看别人下棋、打拳甚至看“他们如何骂来骂去”，或者“到山上去偷人家园地里的李子枇杷，主人拿着长长的竹竿追来时，就飞奔而逃”，等等等等，诸如此类，可做的事情很多。书的作者是沈从文，很多书店都有卖，你可以自己买来看。

九瑜，其实你信中的很多问题都是很好回答的，比如他们收你的钥匙应该不应该、把你锁在屋里是不是侵害了你的自由……你都 15 岁了，持有一个家门钥匙当然是应该的，把你锁起来当然使你不自由，但是你“在外面玩了三天没有回家”，有没有想过爸爸妈妈为你有多着急、多担心？他们以前一次次地相信你，可是你很少让他们相信不失望。换个角度，你一次次相信别人却屡屡受骗，你会怎么想？自由和信任不是凭空给你的，是你拿自律和诚实换来的。这个简单的道理都不懂，怎么玩啊？我希望你能把《从文自传》读完，在这本书的《一个转机》一节里，作者写到他的一个同学为了同一个朋友争口气，想游过河却被淹死了。“看见那个臃肿样子时，我发生了对自己的疑问。我病死或淹死或到外边去饿死，有什么不同？”这个逃学的人继续写道：“我想我得进一个学校，去学些我不明白的问题，得向些新地方，去看些使我耳目一新的世界。”

就是不上学，想办法让自己更充实些总是应该的。就是想自由，也得先懂得什么是自由才好！有些人以为自由是放任自流，可是放任的人却会感到处处不自由。这是因为，自由的前提是节制，否则只能是和自由背道而驰。

你这个年龄，是人生中不可多得的美好的时光，它是你的，怎样对待它，就看你自己了！你所需要的，也许只是比以前稍微大一点的决心！

知心姐姐

问　争第一让我压力重重，怎么办？

答　积极面对生活，平静看待结果。

知心姐姐：

我是个很容易知足的小女生。在班上，我的成绩还不错，我不要求自己拿第一名，觉得那样的压力会让我崩溃。要求低一点，失望少一点，我总是很容易得到满足，而满足让我很容易得到快乐。

可有人说："不想当将军的士兵不是好士兵。"放在我们身上就是："不想考第一的学生不是好学生。"真是这样吗？我知足常乐的想法在别人看来，就叫不求上进。似乎连老师也有这样的想法，虽然没有对我明说，可我能感觉到。这次学生会竞选我又没有参加，其实以我的成绩，老师一定会让我代表班级参选的。但是，我放弃了。我也后悔过，而且到现在一直觉得遗憾。为什么要放弃这个证明自己的机会呢？但是，如果让我再选一次，我想我还是会做同样的选择。

我不喜欢竞争，可是现实不允许我这样。我要面对竞争，要争第一，上进才好。难道知足和上进在我的生活中就不能很好地融合吗？为什么非要对立？我很迷惘。

千千

千千：

知道吗？你的来信真像一阵清爽的风，虽然你在诉说着自己的烦恼，但是你的乐观、平和让我很感动。的确，就像你说的，现在竞争越来越激烈，几乎每个人都在为争第一而拼命努力。不过，我倒觉得越是在这样的环境中，我们越是需要保持宁静的心态。所以，你的“知足”“常乐”真的是很难得啊。

记得曾经看到过一个小女孩的故事。她一直很平凡，无论成绩，还是相貌，她都不是最优秀的，但是每天她都第一个来到教室。在别人看来，她只是希望自己更用功一些，但是只有她自己知道这是为什么。直到有一天，一个同学在路上遇到了她，问道："你为什么总是第一个到学校呢？"女孩儿笑而不答。可是走到教室门口时，她的同学突然一个箭步冲了进去，并且得意地对她 说："哈哈，今天我是第一个到教室的人！"女孩儿伤心地哭了，原来一直深藏在她心底的秘密就是，最早到学校能够让她尝到"第一"的滋味，而这也是她唯一能够得到的"第一"。不知你看过这个故事有什么感受呢？当时，我觉得很难过，也很无奈。

千千，永远争第一的精神并没有问题，但是我们不应该把"第一"作为唯一的标准，也不能把我们的理想简化为这样一个抽象的词汇。我觉得成功的意义并不在于成为最好的，而是按照自己的方式，到达属于自己的高度。你没有执着于"第一"的称谓，这正是你的智慧所在啊。其实，只要给自己定下明确的目标，并坚持为此而努力，你就已经是在积极进取了，不必用"第一"来证明自己是多么有上进心，对吗？

还有，你说自己放弃了学生会的竞选，虽然有点后悔，但是并不会改变自己的选择。我知道这是你的性格使然。其实，能够跟随自己的心去选择，也是一件幸福的事情啊。当然，如果你希望证明自己的能力，那就不要错过这个机会。我们需要保持平和的心态，但是机会来了就要毫不犹豫地把握住，不要害怕竞争。其实，你乐观的心态也是竞争中必不可少的优势呢。

千千，不知道现在你还会不会觉得知足和上进是对立的呢？其实，它们并不矛盾。我们可以积极地面对生活，并且乐观平静地看待结果。这并不违背你的人生信条，对吗？

知心姐姐

第三辑

很多人都还没有意识到梦想的意义，梦想，要么被看作虚幻不实的东西，要么，就是把梦想当作普通的目标。不，梦想不是幻想，梦想就像**空气**，它也许不具体，但是我们的生命离不开它；梦想就像旅行者看到的**灯塔**，虽然距离尚远，却使人鼓足勇气。

亲爱的朋友，如果你有梦想，你可以改换梦想的内容，但请你不要放弃梦想，就像你不会停止呼吸，就像你不会拒绝灯塔带给你的鼓舞。

也许，应试教育无法使你得到足够的梦想空间，然而，请你不要抱怨。也许，你努力很久，梦想依然遥远；也许，你争得荣誉，优秀却孤独，请你不要忘记，梦想比荣誉更珍贵，梦想使孤独具有意义。

你现在拥有那么多**时间**，你还怕什么呢？

问

我想放弃小提琴又舍不得，怎么办？

答

放下小提琴，看看你是不是怀念音符在琴弦间流动的感觉。

知心姐姐：

我7岁，学习小提琴已经三年了，可我现在不想继续学习，也不想再练琴了。其实我从5岁开始，就一直想做一个小提琴演奏家。每次看到电视上有小提琴演奏就会被深深地吸引，我也希望能和那些大师一样。可现在我真的想要放弃了。前几天在《知心姐姐》杂志上看到《梦想守护神》的故事，我怕我和故事里的薇薇安一样，把自己的“梦想守护精灵”给饿死，我太想保护它了。我该怎么办呢？

想要守护梦想的女孩

想要守护梦想的女孩：

在《梦想守护神》的故事中，薇薇安从小弹钢琴，曾经也想成为一名钢琴演奏家。可后来，她找不到努力的动力了，便渐渐疏远了自己的梦想。直到有一天，她发现了梦想守护精灵的存在，原来，因为自己放弃了梦想，她的梦想守护精灵已经奄奄一息了。为了救活可爱的梦想守护精灵，她重新拾起了自己的钢琴梦。梦想守护精灵依靠梦想而生，只有为梦想付出的努力才能喂饱它们。可有时候坚持梦想真的很难，该怎么办？为了帮你找到化解烦恼的办法，我找到了《梦想守护神》的作者水无心姐姐，她写了一封信给你。我们一起读读吧。

守护梦想的女孩，你好！看到你学小提琴的经历，我突然想起了自己小时候的故事。其实，我小时候除了爱看书，还特别喜欢画画。我经常临摹书本上的插画，还爱画动画片里的人物。可后来，功课紧张起来，我就渐渐放弃了画画。而且我还发现，自己只是喜欢临摹好看的插图，对美术老师讲的那些美术知识并不在意，也不感兴趣，甚至连美术作业都不喜欢做。

相反的，我发现自己越来越喜欢看书了。尤其是看到令人着迷的故事，我就会想：要是有一天，我也能写出那么动人的故事，让许许多多的人看到，该多好！所以，作文课成了我最喜欢的一门课。我喜欢听老师点评作文，更喜欢老师在课堂上念我的作文，或贴在黑板上让大家当范文。那时，我会幻想同学们都是我的读者呢。为了把作文写得更好，我准备了一个厚厚的笔记本，把自己看到的美妙的句子都抄下来。而且，我每天都会写日记，有自己觉得满意的作品还会主动拿给老师看，让老师指点。

不过，在写作这件事上，我也遇到过很多挫折。小时候的我可不像薇薇安那么幸运，我连一次作文奖都没得过。那时候我也会想，是不是我真的不适合写作这件事呢？可是，只要有空，我还是忍不住去写。我想，这才是真正的梦想吧！你会感到烦，感到累，也有受不了的时候，但却怎么都放不下，只要有一点希望，就想要坚持下去。

亲爱的女孩，我不知道小提琴对你来说算不算真正的梦想？你说，当你看到别人演奏的样子时，会希望自己像他们一样。我觉得，你需要搞清楚一件事：你是真的喜欢演奏小提琴这件事，还是仅仅羡慕小提琴演奏家的样子呢？就像我小时候喜欢画画，其实只是因为那些画很好看而已，并不是真的爱上了画画这件事。可对于写作，我喜欢的是写作的过程，不管能不能成为大作家，我都一样享受这个过程。所以，我放弃了画画，坚持了写作。因为，写作才是我的梦想。

当然，对你来说，马上搞明白这一点还有点儿困难。我建议，如果你现在真的不想练琴的话，不如先放下一段时间。过些日子，看看你还会不会想要演奏小提琴，是不是会怀念音符在琴弦间流动的感觉。如果你发现自己很想念小提琴的话，那就再次为梦想出发吧。

追求梦想是一个快乐的过程。你要用心去体会：当你演奏时心里是充满了宁静和喜悦，还是不耐烦？如果充满了喜悦，那就坚持下去，并好好地守护它吧。坚持下去，梦想迟早会给你一个大大的惊喜。

亲爱的女孩，读完这封信，你是否已经找到了藏在心底的答案？我相信，你的梦想守护精灵也和我们一样信任你，它会等你整理好心情，重新为梦想出发。

加油，等你的好消息！

知心姐姐

问 我很努力，成绩却不令人满意，怎么办？

答 让紧绷的神经稍稍放松，这个世界也不会紧张地盯着你了。

知心姐姐：

我是一个四年级小学生，被老师和同学们公认为“好学生”。有很多同学羡慕我，但他们知道我心里有多难过吗？

这学期，我参加了几十项活动：大队委竞选、演讲比赛、作文竞赛……这些都是老师们推荐我去的，我几乎忙不过来。而上回期末考试，我只考了全班第八名，这个成绩太不理想了，连我自己都接受不了。要知道，我的目标是第一名啊。

唉，同学们、爸爸妈妈可能都无法理解我，我真的很想成为一个让人刮目相看的好学生。我背地里用功学习，老师和同学给我提出的各种意见，我都努力去改。可为什么到头来我还是不能让别人和自己满意呢？我觉得好累啊。

欣然

欣然：

收到你的来信，已经是春天了。这个时候，是森林里最热闹的季节。虽然我不住在森林里，可我知道，那里的松鼠每年春天都要举行几次爬树比赛。这可是千真万确的，因为有一只小松鼠跑来告诉了我。

它啊，和你有点像，因为它一直都想成为森林里的“爬树王”。这个称号可不是那么容易得到的，要知道，整座森林里可有成百上千只松鼠呢。据说，森林最深的山谷里，长着一棵超级高的大树，高到很少有松鼠能爬到它的顶端。于是，每次比赛，它们就把大树的最底端作为起点。有时候，松鼠们比赛谁爬得更高，有时候比赛谁爬得更快。无论什么样的比赛，这只小松鼠都想得第一。所以，每次它就努力地爬啊，爬啊。

可有那么一次，发生了一件可怕的事。就在不久前的一次比赛上，小松鼠奋力向上爬的时候，树上突然掉下来一摊鸟粪，结果，小松鼠被鸟粪砸到，前爪一滑，从树上掉了下来。那一幕肯定相当惊险，不过还好，有根粗壮的树枝接住了它。

“哎呀，这怎么得了！要每次比赛都拿第一名，才能成为爬树王呀！被鸟粪砸到，整座森林里的松鼠们都要笑话我的！”小松鼠哀号道。

“每次都第一吗？那至今为止有松鼠成为了爬树王吗？”我好奇死了。

“据说……几百年前有一只，”小松鼠回忆着，“不过，那时候森林里只有三只松鼠，这棵大树也只有几米高。”

“那你岂不是比那只爬树王还棒？”

“有什么用，我又不是……”小松鼠还是很郁闷。

“最后你成了所有松鼠的笑柄了吗？”

小松鼠被我问住了，它跑回森林问了一圈，又跑回来。

“爬在后面的松鼠说，它们根本没看到。”

“那爬在前面的呢？”

“它们说自己只顾爬树，也没注意……”

“这么说，大家都更关注自己，并没有只盯着你什么时候出丑啦？”

“可……我的教练很生气，它说一摊鸟粪就能让我这样，真让它失望。”

“是呀，因为它只关注你嘛。它对你寄予了那么高的希望，根本不相信你会犯这样的错误。而你也更在意它的评价，所以觉得它的否定，就是全体松鼠的想法啦。”

“可我还是很郁闷，怎么办？”小松鼠还是很惆怅。

“因为不能成为爬树王了吗？可你为什么想当爬树王？”

“因为小伙伴会羡慕我。”

“真的吗？那样会让你开心吗？”

“如果我通过努力能做到，我当然会开心；但是如果比登山还难，我会觉得好累好累。”

欣然，你猜后来怎么样了？小松鼠告诉我，它回到森林里问了一个遍，结果发现：松鼠们其实根本不关心谁是爬树王。它们之所以参加比赛，是为了享受一起奋力爬树的畅快感觉。当然，要是小松鼠真的成了爬树王，它们还是会有点羡慕的，但成不了，它们照样可以一起吃松果、晒太阳。而且，小松鼠们说了，让它们开心和羡慕的事情每天都能发生一百件，例如：木木松鼠居然发现了 10 个鸟蛋；水水松鼠在采松子比赛中获得了第一名；火火松鼠意外找到了一个超级结实的洞穴，冬天松鼠大家庭可以挤在一起过冬了……每只松鼠都有自己的优势，所以都有机会遇到幸运的事，这样每天就都会有开心的事和开心的人。但如果所有的好事都集中在一只松鼠身上，这只松鼠该累坏了，大家也该不开心了。

欣然，试试吧。别给自己身上贴那么多“高大上”的标签了，如果你能让自己紧绷的神经稍稍放松一下，就会发现这个世界就不会紧张地盯着你了。也许，当你在羡慕、欣赏别人的收获，为他人的成绩而开心的时候，说不定会收获更多的意外惊喜。

知心姐姐

问 我优秀却孤独，怎么办?

答 让所有的人都喜欢你是一件不可能完成的任务。

知心姐姐：

我从小就成绩好，可能是这个原因，大家都觉得我不太“平易近人”。虽然我自我感觉人缘也不错，可是我经常能听到有人在背后议论我，后来我就问和我关系较好的同学：“为什么大家都好像不大喜欢我呢？”他们回答：“也说不出你哪里不好，就是看你有点不顺眼。”

我记得期末考试成绩下来后，别的同学跑来告诉我：“你又是全班第一！”我笑着对他说了“谢谢”，又有人说：“你真了不起，考那么高分！”我说：“还好啦，细心一点答卷，谁都可以的。”后来，有个以前跟我关系不错的女孩（她现在跟我不像原来那么好了）跟我说：“你觉不觉得你现在有点‘那个’？”我真有点摸不着头脑，我“哪个”了？

知心姐姐，您能不能告诉我，如何才能让别人喜欢我呢？我要不要让学习不好一点呢？可是，一旦考不好，就会有人说“哎呀，她每次考第一名，这次比我还低……”，真是左也不是，右也不是。你能帮帮我吗？衷心地谢谢您。

不是灰姑娘

小公主：

既然你说自己不是灰姑娘，那么我暂且叫你小公主吧。

我猜测，同学们所谓的“有点那个”也许是你对好成绩的轻描淡写。因为在大多数人眼里，可不是“细心一点”就“谁都可以”拿第一的哟。尤其是那些怎么“细心”都拿不了第一的同学，估计听了你的回答，就差悲愤得找块豆腐一头撞在上面了。

三国魏人李康的《运命论》中有一句话：“木秀于林，风必摧之；堆出于岸，流必湍之；行高于人，众必非之。”意思是高出森林的大树总要经受更多的风吹雨打；高于岸边的土堆容易遭到更多的流水冲击；行事高明的人，会受到大家更多的非议。讲的是才能或品行出众的人，更容易受到旁人的忌妒和指责。

凭什么，优秀的人招谁惹谁了？不知道是不是为了安慰（其实是赞美）优秀的人，中国古代还有一句俗语，叫“将军额上能跑马，宰相肚里能撑船”。这句话从字面上就很好理解，它告诉我们，越是优秀的人、越是干大事的人，越要做到宽容待人。

宽容待人不是取悦别人、讨别人喜欢，而是因为理解每个人的性格特点和说话方式，你能做到尽量大度地看待问题，不去计较小节。这样做，只是为了让你变成更好的自己，更快乐的自己。

这并不容易，在中国历史上，宰相和将军也做不到个个如此。但这并不意味着，你就做不到，加油！

知心姐姐

问

家人说我的梦想没出息，怎么办？

答

梦想不需要法则。

知心姐姐：

我是一个自小在农村长大的孩子，将来能考上大学，毕业后在城市里工作，这是目前爸妈对我最大的愿望。但我不怎么喜欢城市里的生活，累而且复杂。有一个梦想在我心中放了好几年，平时说出来常常会招来一些笑话。我记得一次开班会时，大家都在讲自己的梦想，我说自己以后想回到农村开农场，好多同学听得哈哈大笑，连班主任也笑着劝我“现实点”。家里人知道我的想法后，说我没出息。我不明白为什么，热爱劳动有错吗？小时候就跟爸妈下地干活，也没觉得怎么累。我要真有一座农场，肯定会打理得井井有条的。我要种上红薯、花生、玉米和向日葵，秋天的时候，邀请几个好朋友来做客。农忙时下地劳动，闲暇时，看看山头的夕阳，绕着农场走一走。我的梦想肯定会实现的，对吗？

泽荣

泽荣：

在梦想面前，一切规矩都会显得狭隘。梦想不需要法则，再说，拥有梦想是每个人与生俱来的权利，这是谁都不能剥夺的，爸妈不行，老师也不行。大多数人已经习惯了现实的梦想，至少看起来是貌似很容易实现的那种，而你的梦想有些另类，我想这应该是得不到大家认同的主要原因吧。不过，目前看来，有没有人认同，关系不大，还没有到破土动工的时候嘛。

做个农场主不错，至少在你的描述中，是那样自由浪漫。至于其中的辛苦，你也许比我更清楚。当然，人有时对某种事情热爱到一定程度，什么困难都难不倒他。况且，劳动也是一件很享受的事情，而不仅仅是大家想象中的“锄禾日当午，汗滴禾下土”。诗人海子说“双手劳作，慰藉心灵”，一点没错。

现在越来越少见到喜欢劳动的人了，尤其是孩子。身体劳作曾是人类进化的最得力方式。身体劳作不仅促使着人体生理上产生变更，更能刺激人们的精神意识日渐丰富。

说到劳动，我又忍不住想到自然界，可能这种联想源自它们本就存在的密切联系吧。历史向前发展，工业文明像参天大树覆盖整个世界，机械让我们在脱离繁重的体力劳动的同时，也渐渐把人类置于大自然的对立面。你可能也经常听到，大至权威媒体，小至身边朋友，都会说些看似严谨实则糊涂的话，比如，“人与自然：应和平共处”“别和大自然较劲”“重新认识自然，迎接新的挑战——论人类与自然的相依与共存”。尤其是最后一条，居然还是某个大学的学生毕业论文。人类仅仅是构成自然世界的一部分，什么时候变得和大自然平起平坐了？那口气简直像是两个国家在谈判合作。

我不是一个现代工业文明的反对者，但我更喜欢、更尊重那些热爱传统劳动、真正拥护自然世界的人，就像你。太阳东升西落，夜空斗转星移，人类生于自然，也终究会归于自然。如果有一天，人类不需要土地也能生活，那也许是件可悲的事情。想想一个人如果从小背井离乡，即使升了官发了财懂得许多知识，到达了很多地方，但却再不能回到自己出生的地方，多少有点凄凉。

泽荣，你的另类梦想让我耳目一新，也让我更加坚定自己对大自然的理解。过着与土地亲近的日子，会很好的。如果在你读完大学后，还能守候着这份初衷，我相信你一定会拥有一个属于自己的农场，也相信你一定会把它打理得井然有序，夏有向阳花开，秋有硕果累累。

知心姐姐

问 我有实力，老师却不选我，怎么办？

答 靠实力争取机会，靠行动证明实力。

知心姐姐：

我有一件事情要跟您说，学校要举行演讲比赛了，我想参加。我平时上课发言很积极，大家都说我口才不错，可老师却没有选我。班里没有人主动报名，老师就说让W参加吧。她是我们班的学习委员，虽然她学习很好，可她的演讲水平并不见得比我好。我有能力老师却不选我，这样做也太不公平了吧。

我真的很想参加这次比赛，知心姐姐，我该怎么办啊？

苦恼的小秋

知心姐姐：

我们学校刚刚举行了一场演讲比赛，每班只能选一名同学去，我就主动报名代表班级去参赛了。原以为我能得到一个好名次，但却事与愿违。我每天废寝忘食地背演讲稿，一上台却因为紧张乱了分寸，最后我得了倒数第一。

我觉得对不起老师，而且演讲的时候我表现得那么语无伦次，同学们对我冷嘲热讽，说我没能力就不要去丢人现眼了……

我是有实力的，只是因为太紧张了才会这样。我为班级丢了脸，我觉得没脸见人了。知心姐姐，我该怎么办呢？请你为我指点迷津。

妍吉

小秋、妍吉：

你们的来信都是关于演讲比赛的，我就放在一起回。

妍吉的来信正好回答了小秋的问题，想参加演讲比赛就主动报名。即使老师已经指定了人选，你照样可以报名。如果只有一个名额，你可以和学习委员举行一次比赛，谁的演讲水平高谁就去参加比赛。老师为了班级的荣誉，应该会派水平高的去参赛。

也就是说，抱怨没有任何作用，只会让自己觉得委屈。要想为自己赢得机会，得靠实力来证明。

接着我再回答妍吉的问题。既然是比赛，就肯定会有赢有输。赢了自然很高兴，鲜花和掌声接踵而来；输了呢，却会遭到冷嘲热讽。人们习惯对胜利者崇拜和宽容，却对失败者打击和严苛，虽然这样很残酷，但这就是现实。

旁观者并不了解你为这次比赛所做的努力，他们仅以一次比赛的结果来评判你是否有实力显然不够客观。那么，你该怎么向他们证明你是真正有实力的呢？

光武帝刘秀打仗的时候，有一次打了败仗。他夜里去营房巡查，看一顶帐篷里的人哭哭啼啼，满脸泪水；下一顶帐篷一看，几个人喝得醉醺醺地抱在一起又哭又唱，丑态百出。刘秀一路看过去，终于看到一顶帐篷里面，有一个人拿着一块布，正在擦拭自己的兵器和盔甲。他的脸上既不悲伤也不沮丧，平静得好像什么事情都没有发生。他把兵器擦亮，为下一次战斗做准备。刘秀很惊讶，说："这个年轻人一定能成事。"结果这个年轻人果然就成了事，他就是东汉大将军吴汉，东汉"云台二十八将"位居第二。

这个故事告诉我们：面对挫折和失败，沮丧和难过并不能改变结果，你只管默默地擦亮你的武器，准备下一次的战斗，用下一次甚至是下下一次的胜利证明你的实力。

获得机会，要靠实力；证明实力，要靠行动。

小秋和妍吉，加油啊！

知心姐姐

问 应试教育让我不快乐，怎么办？

答 给自己心里开辟一块田地，你喜欢什么就种上什么。

知心姐姐：

我已经是初三的学生了，现在生活难以忍受，老师和家长不停地说着："中考就是决定你人生的一步""不要输在起跑线上""成绩一定要打进多少多少名"。听这些话，我感觉头痛，一下子仿佛失去了学习的勇气。好累啊，每天只能睡6个小时，爸妈也不让我看电视。我们叫苦的时候，老师就变得没有一点人情味："叫什么叫，初三学生都是这样苦出来的！"

我认为我们的教育不该是这样的，不该为了应付考试而学习，不该为在社会上稳住脚跟而学习。学习应该是快乐的，它不该被诠释为一场大考。教育的本质应该是让我们懂得做人的道理，体会生命的意义。而现在，我看见了自己喜欢的东西，根本没有时间欣赏它、钻研它，我感到快乐距离我越来越远。也许我的想法太偏激，但这是我憋了很久的话。

毛豆

毛豆：

你的想法并不偏激，相反，你的来信令我感到惊讶和感激。你说得没错，教育的目的不是为了让我们在更多更大的考场上展示身手，而是为了让我们活得更快乐，更有质量。

考试现在是大人小孩都头疼的事情，学生有大大小小的测验、升学考试，大人也有名目杂多的资格考试、职称考试。

很多人都提出中国教育有问题，而且都能说出自己的见解，但目前看来，这就是现状，良好的教育环境不是一朝一夕就能形成的。

既然这种焦虑枯燥的学习环境让你不舒服，那你完全可以给自己心里开辟一块田地，你喜欢什么就种上什么。课业负担重是无法阻止你去接触自己喜欢、欣赏的东西的。

既然大环境不是一朝一夕能改变的，而我们每个人的生命又是有限的，那我们唯一能做的，就是尽最大可能改善我们的小环境，比如在学习新知识中得到乐趣，比如与同学朋友共建兴趣小组，甚至，还可以默默地、偷偷地培养一些现在看来与考试无关，但你特别感兴趣的技能……这些，都可以改善你的小环境，至少让你不至于那么郁闷。

知心姐姐

问

我患上了“荣誉后遗症”，怎么办？

答

让人感到太累的，是你一直举着这份荣誉的姿态。

知心姐姐：

我是一个初二的学生，初中生活改变了我许多。

我在上学期期末考试中一鸣惊人，跃居年级第三。要知道，我以前是不敢奢望进入年级前30名的啊！当我的生活照被贴在学校显眼的地方，当所有认识的人都来向我祝贺时，我却患上了“荣誉后遗症”——我会暗自与成绩最好的同学较劲；吃饭的时候会在脑子里默默地盘算怎样去有效地安排学习时间；走路也是大步流星以至于经常落下结伴而行的同学；我不会花时间去散步，连看植物也是不带丝毫感情，心里只有一个很清醒的认识——它们能使我的眼睛得到休息。

天啊！我真害怕现在的自己，激烈的竞争和一次成功似乎抹杀了我眼中除分数以外的所有东西。甚至，就连给你写信时，我也在想这样值不值得。初中生活让我眼中满是竞争，在我看来，学校就是角斗场，如果自己不强大，很快就会被淘汰出局。在这样的角斗过程中，我觉得我已经丧失了自己。

这样的状态我不能再持续下去了，我太累了。知心姐姐，何时我的初中生活才能变得可爱起来？

橘子

橘子：

不知道你在物理课上是否已经学过“功率”这个定义。事实上，就好像没有任何机器可以一直用 100% 的功率运转一样，同样，没有任何人可以有 100% 的效率。有些时候，你会非常有效率（好比上学期你能取得年级第三的好成绩，肯定是跟你平时高效率的学习分不开的），但是，你不可能总是达到这样 100% 的有效。

所以橘子，知心姐姐想告诉你，我们每个人的能力、效率都存在一个上限，你不可能 100% 地有效率，这是我们必须面对的科学事实。那么，在知道这个道理之后，你要做的、和你能做的又是什么呢？还是先给你讲个故事吧：

一位老师举起一杯水，问大家："你们估计一下这杯水有多重？"同学们的答案从 20 克到 500 克不等。老师却回答："我现在举着的这杯水的重量，其实是由我举的时间长短来决定的，而与它的实际重量无关。我要是举一分钟，肯定没问题；但要是举一小时，右臂就会酸疼；若举一天，那你们就该替我叫救护车了。你们看，这杯水的重量并没有改变，只是我举的时间越长，就会觉得它越沉。"

橘子，你现在是不是还一直举着"年级第三名"的荣誉呢？其实你的荣誉就好像那位老师手里举起的那杯水，水本身并没有不断地变得沉重，真正使你感到不能再持续下去、感到太累的，是你一直举起这份荣誉的姿态。那是一种怎样的姿态呢？现在让我们回头去看看那个暗自和同学较劲的你、吃饭还盘算学习问题的你、走路大步流星不花时间散步的你，这样的你，连你自己都害怕了不是吗？其实啊，在你把学校看成一个充满激烈竞争的"角斗场"的时候，我们不妨重新审视一下自己的"生存法则"。

橘子，你知道吗？并不是实力出众就一定要分分秒秒都飞得比别人高远，纵观那些所谓的终极成就获得者，他们常常未必是条件最好的参赛者。从这个角度来说，我们更在意的应该是我们生活的姿态。如果，我们为了获得"荣誉"，而不自觉地背弃了做人和做事的一些基本准则，一切以"赢"或"证明"为前提，毫无疑问，那个状态下的我们一定是不好的，而一个不好的自己，应该并不是你想要的。这样久了，面对一个你都害怕的自己，又谈何喜欢？你的初中生活又怎么可能变得可爱呢？只有当我们依然可以拥有完整的自我与内心时，我们才是一个令自己喜欢的人。

橘子，有的时候，我们需要以“功利”的心态去看待学习和工作，使我们有限的生命变得有效率，不至于碌碌无为一生。可有的时候，我们又要以“非功利”的心态来打量生活。台湾的作家、主持人蔡康永说过这样一句话：“人生，并不是拿来用的。”无数事实证明，太注重所谓“实用目的”的人生，不仅自己累，别人看着也累；不仅会令生命的美好消失殆尽，而且会让人生变得很荒诞。所以，正如你所言，这样的生活不能再继续下去了，我们要让生活可爱起来。

知心姐姐

问 浪费时间让我有负罪感，怎么办？

答 亲情应该成为我们心灵的支撑，而不是负担。

知心姐姐：

快要放假了，每到课间，同学们都聚在一起热火朝天地讨论着假期去哪里玩。几个好朋友也在不停地撺掇我和他们一起出去玩。我不好意思拒绝，可是出去玩这件事总让我很不安。

我家里条件不是特别好，爸爸妈妈每天都要辛苦地赚钱供我上学。如果我不好好学习，还浪费时间跑出去玩，就是对不起他们啊！而且还有一件事，让我不敢再出去玩了。有一次，我偷懒跑出去和同学们玩，结果就在那天，爸爸在路上出了车祸，虽然没有受严重的伤，但对我却是个很大的打击。如果我那天不跑出去玩，而是待在家里，也许就不会出这样的事了。为此，我自责了很久，而且发誓以后再也不出去玩了。

也许对别的同学来说，玩玩乐乐是很正常的事情。但我是没有这样的资格的。因为我一刻不在努力学习，就觉得是在浪费时间，是在犯罪。我不想辜负爸妈对我的期望。

知心姐姐，怎么拒绝朋友的邀请才好？

烦恼男生

烦恼男生：

拒绝朋友的邀请其实并不难。如果你真的确定自己出去玩就会给家人带来不幸，那么这就是最最有力的理由了。我保证同学们再也不会不停撺掇你和他们一起出去玩了，真要出了事他们也会很自责、很内疚的。

但是，真的是你出去玩导致了爸爸的车祸吗？如果你出去玩很晚没有回家，爸爸是为了找你才在路上出了车祸，那你确实应该为这件事感到自责和愧疚。如果爸爸是在出门办其他事情时出了车祸，那么这件事的责任应该在违反交通规则的一方，而你是没有任何过错的。

我知道，在感情上你可能有些接受不了这样的说法。爸爸出车祸的时候，我怎么在和同学们玩耍呢？在他痛苦的时候，我却在开心，这怎么可以呢？我猜想你当时一定有过这样的想法吧。你是个十分孝顺的孩子，爸爸受伤一定让你心急如焚，但是自责解决不了问题，而你似乎也把这个逻辑套用在了生活的其他方面，比如父母辛苦赚钱供我读书，我怎么能够和同学们玩乐呢？在他们付出艰辛的时候，我也一定不能是轻松愉快的。烦恼男生，你想要报答父母的心令人感动，但是这个逻辑却让我有点担心。其实，如果你认为自己真的有必要多花些时间来学习，或是觉得学习本身能够给你带来更大的乐趣，不出去玩也没什么大不了。这是你的自由。

可要是连这件小事也会让你产生强烈的负罪感，就像你说的一刻不学习就觉得自己是在犯罪的话，那就说明父母的期望和爱已经成了你心里沉重的负担，而且你已经有些不堪重负了。父母对于每个人来说既是亲人，也是恩人。我们应该回报父母的爱，但这不意味着我们的整个生活和人生都只是为了报恩而存在的。父母是你生命中最重要的人，但他们也只是最重要的部分，而不是全部。你们除了拥有彼此之外，也拥有属于自己的独立人生。你学习成绩好爸妈会感到欣慰，那是因为他们期望你能有一个很好的未来，成为一个健康、快乐的人，而不是永远做一个好学生、乖孩子。

亲情应该成为我们心灵的支撑，而不是负担。现在父母为供你上学付出辛劳，将来你也要成为他们最坚实的依靠。能够做到这一点，你就足以让他们感到幸福和欣慰了。至于是否接受同学的邀请，我倒觉得如果你的期末成绩还不错，放松一下也无妨吧？当然，这个由你来决定，关键是要快乐。快乐的人才能让别人幸福、快乐。

知心姐姐

后记

做自己心灵的主人

在社会飞速发展的今天，许多父母由于各种原因无法陪伴在孩子的身边。对于这些孩子而言，成长之路是一段孤独而且迷茫的旅程。这段旅程很长，长到足以影响一生，这些独自长大的孩子只能依靠自己摸索着前进。

多少个夜晚，他们躲在被窝里咀嚼无处诉说的心事；多少个白天，他们遥望父母远去的方向，因为无法排解孤独而顾影自怜。在课堂上，由于缺少正确的学习方法，他们十分努力却收效甚微；在生活中，因为缺乏目标和动力，他们拖延散漫，日子过得空虚无聊……在他们或郁闷、或伤感、或警惕、或冷漠的眼神里，是期待被关心、被理解的渴望。

宋庆龄曾经说过："有些事情是可以等待的，但是少年儿童的培养是不能等待的，儿童是我们的未来，是我们的希望，我们要把最宝贵的东西给予儿童。"孩子们终将长大，未来掌握在他们的手中，他们的内心世界将是明日世界的蓝图，他们的能力所达将决定人类能够探索多远的未知。正因如此，所有人才应尽最大的努力去陪伴他们、帮助他们、支持他们，为他们的成长提供最充沛的养料！

为此，兴全基金携手"知心姐姐"，从上万封孩子的来信中，精选了部分来信。这些信集中反映着当代中国孩子成长过程中面临的问题，有困惑和疑问，也有烦恼及痛苦。而知心姐姐则用"回信 + 故事"的方式，倾听孩子们的心声，为他们答疑解惑，向他们传递“有困难不怕，总会有办法”的人生智慧。

我们深知，倾听的过程，就是疗愈的过程，是一个孩子重新认识自我，接受自我的过程。而帮助他们的过程，则是重启的过程，重新唤起孩子们内在的能量，帮助他们做自己心灵的主人。我们希望通过努力，让孩子们知道，他们并不孤单，知心姐姐和很多大朋友都陪伴在身边。我们相信，这些陪伴、理解和信任，将会变化成一股成长的力量，伴随孩子们走出迷茫、走出困境，勇敢地应对生活的挑战。

“为者常成，行者常至。”多年来，兴全基金一直追求成为合格的企业公民，在做好投资的同时，也致力于为社会创造价值。目前，兴全基金的“牵手”公益框架已涵盖牵手教育、牵手文化、牵手体育和牵手环境四大类。2014 年和 2016 年，兴全基金两度登上《福布斯》杂志中国慈善榜，分别名列第 63 和第 54 位。

教育是兴全公益的起点，也是最重要的组成部分。如今，从中国最西南边的澜沧江，与缅甸一山之隔的云南腾冲，在海拔 4000 米翻山越岭后的川西高原，都有兴全公益点滴努力的身影。同时，公益路上，我们也遇到了诸多价值观相同的同行者，包括兴全的员工、合作伙伴、客户以及社会人士等。就像蝴蝶的力量虽然有限，当一起扇动翅膀时，也能酿起一场小风暴。我们相信，孩子们的变化和成长，是值得我们去支持的信念，是我们的责任与担当。

不管未来的路多么漫长，我们依然会继续坚持，并期待看到最美好的事情发生！

兴全基金
AEGON-INDUSTRIAL FUND
践行责任 成就价值

图书在版编目（CIP）数据

走出学习的困境 / 知心姐姐编著；稻荷前绘 . —北京：中国少年儿童出版社，2017.10（2018.6 重印）

ISBN 978-7-5148-4150-3

Ⅰ . ①走… Ⅱ . ①知… ②稻… Ⅲ . ①书信集—中国 —当代 Ⅳ . ① I267.5

中国版本图书馆 CIP 数据核字 (2017) 第 161037 号

ZOUCHU XUEXI DE KUNJING

出 版 发 行： 中国少年儿童新闻出版总社 中国少年儿童出版社

出 版 人： 李学谦

策　　划： 知心姐姐编辑部　兴全基金　**责任编辑：** 李　源

特约编辑： 田玉彬　**责任印务：** 厉　静

装帧设计： 陈若琦　**校　　对：** 刘成聪

社　　址： 北京市朝阳区建国门外大街丙12号　**邮政编码：** 100022

总 编 室： 010-57526070　**传　　真：** 010-57526075

编 辑 部： 010-57526650　**发 行 部：** 010-57526568

网　　址： www.ccppg.cn

电子邮箱： zbs@ccppg.com.cn

印刷： 北京卡乐富印刷有限公司

开本： 880mm × 1230mm　1/32　**印张：** 5

2017年10月第1版　2018年6月北京第2次印刷

字数： 80千字　**印数：** 30001~33000册

ISBN 978-7-5148-4150-3　**定价：** 25.00元